我们一起解决问题

破局增长

发展中的企业向华为学什么

宋柳男　路　遥◎著

人民邮电出版社

北　京

图书在版编目（CIP）数据

破局增长：发展中的企业向华为学什么 / 宋柳男，
路遥著. -- 北京：人民邮电出版社，2023.5（2023.6重印）
ISBN 978-7-115-61602-9

Ⅰ. ①破… Ⅱ. ①宋… ②路… Ⅲ. ①通信企业—企
业管理—研究—深圳 Ⅳ. ①F632.765.3

中国国家版本馆CIP数据核字(2023)第070325号

内 容 提 要

随着外部环境的不断变化，市场竞争的日益加剧，企业在发展过程中面临着越来越多的挑战和越来越大的不确定性。对于如何破局和增长，华为公司的管理经验值得发展中的企业学习。

本书作者既有甲方的管理背景，也有乙方的咨询培训经验，分别在不同的行业和企业发展的不同阶段实践华为管理理念和模式。本书从破局和增长维度，结合作者在其他企业落地华为管理的经验，从战略力、销售力、组织力、文化力四个方面，介绍了企业在发展过程中建立软实力的相关方法和案例。除此之外，本书还提供了大量的实用工具，如 BLM/BEM 战略模型、机会点决策申请报告、年度目标规划、"两会一表"等各类图表模板，可以帮助读者快速胜任管理工作，提升管理技能。

本书适合企业管理者、创业者、对华为管理感兴趣的读者，以及高等院校相关专业师生阅读。

◆ 　　　著　　宋柳男　路　遥
　　责任编辑　　贾淑艳
　　责任印制　　彭志环

◆ 人民邮电出版社出版发行　　北京市丰台区成寿寺路 11 号
　　邮编 100164　　电子邮件 315@ptpress.com.cn
　　网址 https://www.ptpress.com.cn
　　涿州市京南印刷厂印刷

◆ 开本：720×960　1/16
　　印张：16.5　　　　　　　　　　　　　　2023 年 5 月第 1 版
　　字数：215 千字　　　　　　　　　　2023 年 6 月河北第 2 次印刷

定　价：79.80 元
读者服务热线：（010）81055656　印装质量热线：（010）81055316
反盗版热线：（010）81055315
广告经营许可证：京东市监广登字 20170147 号

华为的管理精髓，我们能学会吗

30多年以来，华为从国内到海外不断发展，在不同领域都有着"现象级"的表现，这不仅让华为成为国民心目中的第一民企，也让华为管理（为叙述方便，本书使用"华为管理"一词指代华为的管理体系、管理模式）被很多企业关注和学习。这些年，国内众多企业以华为为学习标杆，组织人员参加各类华为管理培训课程，招募和引入有华为背景的人才，或聘请有华为经验的人员做管理顾问，帮助企业在多个层面进行诊断、赋能和变革，只为得到华为管理的真传。同时，介绍华为管理经验的图书也不断被推入市场，引起广泛关注。关于华为管理能否学习、怎么学习，一直是管理界津津乐道的话题。

从实践的角度而言，其他企业如果不因时制宜、因地制宜地对华为管理调整和变通，直接生搬硬套地用在自身的管理场景中，往往可能不尽如人意。这里有一个非常重要的原因，就是变革操盘人既要懂华为，也要对标学习华为的现状。企业引入华为管理落地失败，会让很多企业管理者误认为华为管理的适用性差或者不接地气，其实这是学习方法的问题。

笔者离开华为之后，分别加入了不同规模、不同类型的企业，既有上市公司，也有从 0 到 1 的创业型"独角兽"。经过多年的积累，笔者既有甲方的管理背景，也有乙方的咨询培训经验，分别在不同的行业和企业发展的不同阶段实践华为管理理念和模式，不断在战略、销售、组织建设和内部运营的管理岗位上探索华为管理与其他企业的融合之道。笔者伴随这些企业经历员工从几百人走到几千人，销售规模从几亿元到几十亿元的发展过程，在企业如何对标学习华为管理，解决华为管理落地困难方面积累了丰富的经验。

我们两个作者之前并不认识，但是彼此都有共同的愿望：希望能做一些工作，把华为管理推广应用到更多企业中去，帮助更多企业成长、壮大。后来机缘巧合，我们初次结识就聊到这个想法，大家一拍即合，决定分工撰写本书，通过书籍的形式，把我们亲身经历和运用的华为管理落地实操方法分享出来，希望对那些渴望进行管理改善和变革的发展中企业创始人和管理团队有所帮助。随后笔者开始列目录、写样章、联系出版社，利用本职工作之外的时间分工整理材料，构思写作，并将定期聚会研讨中提出的好想法、碰撞出的火花，都体现到本书的创作当中，力求本书内容可以反映华为管理的精髓，并能提供切实可行的落地推进的路径和方法，帮助企业在对标学习华为成功之路上走得更顺畅。

因本书篇幅所限，所以笔者着重挑选了发展中企业在管理中遇到的重点问题和需求，根据华为管理落地经验为大家呈现整体解决方案，从战略力、销售力、组织力和文化力四个层面构建企业顶层的管理架构。笔者从一开始就有坚定、清晰的定位，本书不是简单地介绍华为那些事，而是结合发展中企业的管理需求和痛点，讲华为哪些经验可以被借鉴，以及如何借鉴，并附上各种管理工具、图表、模板和案例，希望可以达到即看即用的理想效果。同时，我们也希望大家多提宝贵意见。大家可以关注"男哥说管理"微信公众号，在上面留言或者私信，笔者会认真思考并回复大家的每一条意见。

最后，引用任正非在华为内部发表的《星光不问赶路人》里的一段话来鼓励每一位迎难而上、奋勇前进的发展中企业创始人和管理团队，每一份付出都会有回报，每一次转变都将变得更好："我们正处在一个伟大的时代，同时又遭遇百年闻所未闻的风暴打击。翻滚的黑云，夹着电闪雷鸣，山崩地裂般地席卷我们。我们一时惊呆了，手足无措。当我们清醒过来，要像海燕一样，迎着雷电，迎着暴风雨嘶叫着飞翔，朝着一丝亮光，朝着希望，用尽全身力量搏击，奋斗，前进，再奋斗，再前进，嘶喊着胜利。岁月不负有心人。"

宋柳男　路遥

2023 年 1 月

"破局"与"增长"是企业
向前发展的必然循环

1.1 不"破"就不会"立"，不"增"就不会"长"

不破不立，没有改变就不会有破局，没有破局就不会有新的增长。战略规划不落地有很多原因，其中有一条是非常致命的，那就是空谈规划而不谈变革。战略解决的是"凭什么能打赢"的问题，与战略对应的策略如果只是在原有基础上修修补补，那么很难会出现比之前更好的业绩结果。这是一个非常容易理解的逻辑：团队成员没有变化、管理机制没有调整、产品没有创新、流程没有优化、激励机制没有改变，很难相信所谓的业务增长策略是有效的。这就是很多"伪高管"的真实写照：会喊困难，会喊口号，就是不会做变革。

1.1.1　变革的思维方式

很多企业都在内外部环境的变化下寻求突破，以达到新的增长的目的，但是往往又害怕改变，这是由创业者本身的心态与格局决定的。我们必须承认，不是所有的企业变革都会成功，但是企业一旦没有在形势较好的时候主动寻求突破，到了形势不利的时候往往就来不及了。经营就是管理，管理就是经营，不能玩文字游戏，更不能把经营和管理强行分开来谈。经营管理就是要不断寻找突破口，找到新的客户或者新的市场机会点，在收入达到"天花板"的时候就需要从成本控制方面寻求突破，这是在做管理迭代和优化。这些迭代与优化就是变革，一种向外或者向内的变革，这种变革有可能为企业带来新的增长点。企业就是在破局和增长的不断循环中逐渐壮大的，而变革就是这个过程最好的发动机。

变革是伴随企业整个生命周期的。在公司初始阶段，变革主要体现在管理者个人的认知与经验上，以管理者的改变带动公司的改变。随着公司的发展，就需要以组织为单位进行相应的优化与提升，这才有了各个专业板块的变革需求的产生。组织的短板有很多，不可能一起解决，变革是有先后次序的，不能求快和求全，一定要根据战略的需要先解决公司发展中最迫切的问题。表 1.1 是华为公司发展过程中的重大变革。从表 1.1 中可以看出，即使华为这样的公司也不可能在同一个周期之内将研发、供应链、人力、战略这些模块一起进行变革，那样的行为就是本末倒置，让变革凌驾于战略体系之上。例如，1996—2003 年，刚渡过生存期的华为迫切需要解决产品开发和内部凝聚力的问题，所以才会有 IBM（国际商业机器公司）和中国人民大学的教授分别为华为制定集成产品开发（Integrated Product Development，IPD）体系和华为基本法。

表 1.1　华为公司发展过程中的重大变革

变革时间	重大变革内容
1994 年	自主研发交换机；赴美考察
1996 年 3 月—1998 年 3 月	制定华为基本法（中国人民大学）；开始国际化拓展
1997 年	合益集团人力资源管理体系（职位、薪酬、绩效、素质模型）
1998 年	IBM 启动对华为的战略与规划的梳理；市场部大辞职、财务"四统一组织"变革；开始开发任职资格标准
2000—2003 年	IBM 启动对华为集成供应链管理、集成产品开发管理及 IT 系统整合规划
2001—2003 年	启动股权改革；2003 年推出了虚拟受限股下的首次大规模配股（2008 年完善饱和配股）
2002 年	战略规划（价值驱动业务设计）与财经共享中心建设；开始推行末位淘汰

（续表）

变革时间	重大变革内容
2003—2004 年	设计新的组织架构，配合 IBM 的项目；建立经营管理团队（EMT）[①]，开启轮值主席制度，历经 8 年时间，演变为轮值首席执行官（CEO）制度
2005 年	IBM 做领导力变革项目、全球大客户管理及联合创新的变革；EMT 自律宣言
2006 年	业务领先战略的制定与解码（业务领先模型）
2007—2014 年	IBM 启动华为的集成财经服务转型项目
2007—2017 年	埃森哲对华为整体的客户关系管理系统进行变革（含从线索到回款）
2008 年	开启 8 年换工号机制
2009 年	面向客户的解决方案变革；开启奋斗者协议签署
2010 年	合作伙伴关系管理；市场到线；问题到解决；品牌管理
2011 年	从战略到执行，三大事业群拆分；开始推行人力三支柱
2013 年	战略解码；知识管理 IT 变革；五个"1"，账实相符
2014 年	华为虚拟股权激励；班长的战争
2017—2018 年	人力资源纲要 2.0；成立华为"总干部部"
……	……

要想"破局"与"增长"，以下几点变革的思维方式非常重要。

（1）企业是否有直面问题的勇气（自我否定与批判）。

（2）企业是否具备找到问题根源的能力。

（3）企业是否具备持续发现问题的机制。

（4）企业高层是否具有紧贴一线的管理敏感度与风险管控意识。

勇气、能力、机制、意识是内部变革非常重要的基础，而笔者认为更重要的核心是企业高管对变革的认知与企业一把手的决心。企业变革失败

---

① EMT 是 Executive Management Team 的首字母缩写。

的原因可能并不在所请的外部咨询机构及其制定的变革方案上，企业内部配合变革所调动的相关资源才是关键。企业的一把手和相关部门的一把手是变革的第一责任人。

1.1.2　如何将变革落地

变革不仅是为了增强组织能力，也是为了避免内部管理官僚化。华为在发展和变革过程中一直非常重视总部与一线之间权限与能力的均衡。比如高职级的总部人才要下一线，而一线要根据业务需要灵活授予相关人员权限，所有的组织和个人不能靠过去的功劳生存，需要通过变革不断成长。具体如何做变革，可以从以下方面着手。

1. 聚焦机会点，优化组织架构和岗位配置，加快内部新陈代谢

内部变革到底怎么变？笔者认为首先还是基于机会点，先启动组织架构与岗位的调整与重新配置，配套相应的考核与激励制度，集中优势资源保证在战略机会点上的全力投入。

内部的新陈代谢就是坚持对管理者的末位淘汰，不断优化内部的绩效考核评估与员工约束机制。公司的各级专家需要通过考核与考试的方式不断进行筛选，减少各级岗位上的冗余人员，给那些有意愿、有能力的人提供更多的发展机会。

2. 聚焦阶段性的目标与达成措施，保证资源的稳定投入

华为的每个管理变革都有很明确的目标和阶段性的要求，非常注意外部引入的体系与内部的融合，这是非常值得其他公司学习的。每一个变革

项目都需要有明确的实现路径和关键控制点，避免在项目操作上大起大落，无端浪费公司的管理资源。

3. 在变革过程中培育种子

谁不想一夜之间完成既定目标，但那是非常不现实的。企业内有的"树"其实没有长大，而长大的"树"在灾难时期也不敢大胆改革。这时，应该循序渐进，先培养标杆试点与变革种子。

笔者在华为的时候，华为很多变革是从代表处开始的（代表处：在我国是以省或地区为单位的销售单元，在海外是以国家为单位的销售单元），当时的广东代表处承担了很多先行变革的试点要求，一批一批的机关专家奔赴现场跟踪和解决在变革中遇到的各种问题，积累经验并反复修改方案，直至方案修订得没有大问题后，才在地区部、片区和全球机构逐渐展开。

4. 在变革过程中注意建设数据抓手

公司的数据来源一般有三个大的方向：业务数据、财务数据、人力数据。如果按可预知性来排名，那么由强到弱依次是业务数据、人力数据、财务数据。业务数据是人力与财务做深度分析的重要来源。财务数据是最后的收口和总结，就像大部分公司的全面预算是起于业务部门而终于财务部门一样。

大部分公司共通的问题是：业务数据、财务数据、人力数据各自独立运作，缺失综合数据分析管理体系。大部分公司一般的管理模式是业务例行与财务对账，人力完全被动接受结果。这种管理模式导致业务活动与财务分析脱节、财务口径与业务口径相差较大、人力数据分析与业务活动脱节。

这种情况对高层管理人员来说会比较痛苦，估计看到不同部门送来的各种数据分析报告就已经蒙了，更不用说还要分析。

这里给出一些数据管理经验，供大家参考。

（1）有条件的公司可以成立数据管理中心，让数据管理成为组织变革与经营增长的驱动器，让数据管理中心摆脱部门级别的意识形态，让数据来源于业务而高于业务。

（2）对于公司级别的重要数据规则，应三方（财务、人力、业务）协同。比如提成与奖金规则、经营体系的财务指标规则、收入和利润的确认口径、成本的归集办法、费用管理的科目设置等，严格管理数据输入端，让数据输入端也相对摆脱部门级别的意识形态。

（3）建立数据关联分析机制。比如收入、成本、费用三者的关系及预防管理，公司绩效薪酬系统与公司经营收入的关联管理与分析，业务端中前端、中台、后端交付之间的数据关联关系（研发计划、市场计划、采购计划、生产计划、安装交付计划、收入计划、回款计划的集成管理）。

（4）根据不同的管理对象，设置不同的数据管理颗粒度和维度。比如结果类数据与过程类数据应该根据管理对象的不同而做相应的区别，不能"眉毛胡子一把抓"。在一定阶段，既想狠抓过程，又想狠抓结果，可能会造成过度疲劳。不同的行业在数据管理上也应有所区别。华为和阿里巴巴在这方面有一些比较显著的区别：华为不像阿里巴巴那样强调"早开会，晚复盘"的极致过程追踪；华为的考核从早期的月度调整到季度，最后调整到半年度，而最重要的考核是年度考核。但是，两家公司都非常重视数据管理体系的建设。

（5）数据管理体系的建设不是简单照搬现成的信息系统就可以实现

的。信息系统只是一种信息管理工具，再好的信息管理工具也要先把基础数据输入系统，因此信息系统的建设重点应放在数据输入与来源有效和可靠上。当日常经营可以做到线下流程清晰、数据采集规范、数据传递准确及时时，信息系统的应用就会真正发挥支撑管理水平提升、提高效率的作用。

（6）数据管理是一把手工程。各级部门负责人要建立最基本的数据观，特别是关于收益与成本部分的，数据的联动与分析要从上到下进行推动与设计，基础数据的架构要保持一定的稳定性。作为部门负责人，要清楚知道哪些数据是需要的，哪些数据是不需要的，同时也要重视重要信息的保密性与安全性。

笔者一直认为数据管理是所有管理手段的基础，没有数据作为依据，大部分的管理工具只能停留在表面，无法暴露根源性的问题。

5. 借鉴华为变革的经验

华为早期形成了以下持续管理变革的四大基本原则，到现在依旧有很大的参考价值。

（1）坚持"先僵化，后优化，再固化"的原则，引进世界领先企业的先进管理体系。

（2）坚持"小改进、大奖励，大建议、只鼓励"的原则，持续推行管理变革。

（3）坚持改进、改良和改善，对企业创新进行有效管理。

（4）持续提高人均效益，构建高绩效的企业文化。

变革总会带来一些改变既定习惯和离开舒适区的不适应，特别是在运作初期，对于既得利益者具有比较大的冲击。在这种情况下，只能下定不

"破"不"立"的决心，通过机制先实现固化使用，然后逐渐结合自身特点做进一步完善改进。在变革实施过程中，华为逐渐形成了**"变革的七反对"：坚决反对完美主义；坚决反对烦琐哲学；坚决反对盲目的创新；坚决反对不能提升全局效益的局部优化；坚决反对没有全局观的干部主导变革；坚决反对没有业务实践经验的人参加变革；坚决反对没有充分论证的流程进行实用。**准备做变革或者正在做变革的企业，不妨参考以上原则，让变革既有大胆推进的决心，又有落实的方法和措施，从而实现变革的目标。

1.2　余承东操刀华为无线通信产品"破局"与"增长"

变革的目的是增加机会点、增加收入和利润，而关键就在于如何抓住"破局"的机会点，主动、有力地推动变革，实现"增长"。下面介绍的余承东主导华为无线通信产品成功占领市场的案例，就给了企业实现"破局"和"增长"很好的启示。

笔者经历了华为无线通信产品从世界三流水平成长为无线通信领域领跑者的过程，见证了华为无线通信产品年度订货额（合同额）和收入额双过百亿美元的光荣时刻。而在这个持续成长的过程中，华为既有不能完成年度任务的尴尬，也有让行业惊讶的高持续增长。笔者真切体验到只有不断"破局"，才可能有新的"增长"。

笔者刚加入华为的时候，非常幸运地被安排做 3G 无线通信产品的全球市场计划管理。笔者当时就知道华为很早就在进行国内 3G 产品的WCDMA（3G 的一种标准）技术研发和物料储备，为此不惜放弃当时利润很大的小灵通产品的投入，基本把今后实现增长的机会点压在国内3G牌照的发放上。现在回过头来看这是正确的战略决策，因为小灵通技术模式的局限性注定其发展只能是国内通信历史上的昙花一现。但是在那个时候，众所周知，国内3G牌照发放不断延后，华为却在坚持做WCDMA技术的持续投入，甚至超过了GSM（2G的主流技术标准）产品，这的确需要有"破局"的勇气。在2006年的一次部门会议上，余承东宣布扩大3G的布局，把3G做到世界第一，同时提升GSM产品在全球的市场占有率，让GSM产品进入世界供应商第一阵营，并且余承东表示愿意重回产品线来提升这两个产品的技术竞争力。

华为当时围绕3G和2G战略目标在研发投入和市场拓展方面都积极做了调整。比如，市场开拓从国内转到国外，之前给国内市场储备的物料可以再利用的就利用，不能利用的就直接销毁。调整后效果立显，华为非常迅速地拿下了西班牙VDF（即沃达丰，是跨国电信运营商，华为非常有价值的客户）的3G项目。紧接着，巴西VIVO（巴西比较大的一家通信运营商）世纪搬迁项目也传来好消息，巴西VIVO整网从CDMA（通信的一种标准技术，既有2G，也有3G）切换到GSM，全面使用华为的设备替换原设备商的产品。

在当时3G和2G战略目标的要求下，无线通信产品领域集中了研发、市场、采购、生产各个部门的力量，力保这些项目顺利交付。因为这涉及大量新产品的第一次使用，甚至很多产品当时连小批量验证都还没有完成。但在客户那里不能说不，必须绝对保证产品质量经得起市场的应用考验。为此，项目组上下一心，度过了很多不眠之夜，笔者在那时有幸看到了华为人对既定战略执行的强大决心和内部合力。就是凭着那个时候的那股劲，凭着"以客户为中心"的核心价值观，华为顺利完成了西班牙VDF

和巴西 VIVO 两个项目。

从此，华为在 3G 领域初露锋芒，2G 产品开始大规模进入南美市场，为华为后续在其他区域的拓展奠定了基础。随后，华为在中东、北非的 2G 与 3G 无线通信产品市场连续破局，GSM 产品开始进入二流供应商行列。

在这个阶段，华为在无线通信领域的目标不是盯着第一阵营的爱立信，而是追赶分别排在第二位和第三位的诺基亚与西门子，同时稳稳地在 WCDMA 与 GSM 产品上坐稳国内通信供应商第一的位置。这时，华为虽然已经超越摩托罗拉、阿尔卡特这些老牌公司，但在外界宣传上始终非常低调与谨慎。相反，在业务战略机会点的争夺上，华为出手果断，全力投入，这就是优秀的"企业文件"的体现。

在抓"破局"机会点方面还有一个很好的案例，就是华为无线通信产品在摩托罗拉退出无线设备领域之后对摩托罗拉市场的抢夺，包括后来余承东调到欧洲片区后用激进的商业价格模式对欧洲大运营商的突破，这些都是在践行他当时提出的 3G 领先、提升 2G 市场占有率、保证规模效应的战略。

华为无线通信产品坚定地执行着当年既定的战略，2013 年，终于通过多年的市场积累和分布式基站的技术优势，取得了和爱立信竞争的资格。那个时候，国内中兴公司已经被甩在了后面，诺基亚和西门子早就顶不住市场的压力合并了，摩托罗拉则彻底退出了无线通信设备领域。同时，北电、阿尔卡特、朗讯等设备商也都逐渐退出了竞争。这是华为目标明确的"破局"战略与灵活战术的成功。此后又经过十多年的艰苦奋斗，华为最终在无线通信产品领域超越了爱立信，让全球无线通信成本大幅度下降，迎来了无线通信产品的黄金发展时期。正是有了这些基础通信设施管道与低成本技术的应用，才会有后来我国电子商务令人惊叹的发展速度。不能否认互联网对我国经济的巨大贡献，但是如果没有电信流量系统与无线互联网的大力发展，电子商务时代可能距离我们现在的生活还非常遥远。

华为的无线通信产品就是在不断挖掘客户需求，找到市场机会点，通过产品创新和技术追赶，在不断"破局"与"增长"的正向循环下赶超了竞争对手，取得了行业领先的地位。

1.3　学华为的关键是对标底层管理逻辑

虽然华为的成功不可复制，但是华为的管理逻辑值得学习与参考，对标华为可以先从对标华为的底层管理逻辑开始。先来了解华为基本法的主要内容，如图 1.1 所示。

图 1.1　华为基本法的主要内容

1.3.1　公司要有明确的追求

"高度的内部共识"是公司实现长治久安的重要基础，特别是核心管理层对公司发展与追求的共识。

华为创建之初，追求的就是依靠锲而不舍的艰苦奋斗，成为世界级领先企业，来为华为的客户提供服务。华为若不想消亡，就一定要有世界领先的概念。

任正非对华为的追求有五点解释与要求。

（1）以客户的价值观为导向，以客户满意度作为评价标准。瞄准业界最佳，以远大的目标规划产品的战略发展，立足现实，孜孜不倦地追求，一点一滴地实现。

（2）坚持按大于销售收入的 10% 拨付研究经费。

（3）在设计中构建技术、质量、成本和服务优势，这是华为竞争力的基础。

（4）贯彻"小改进、大奖励，大建议、只鼓励"的制度。追求管理的不断优化与改良，构筑与推动全面、最佳、有引导的自发群众运动。

（5）破釜沉舟，把危机意识和压力传递到每一位员工。无依赖的市场压力传递，使内部机制永远处于激活状态。

这是任正非在 1998 年提出的对华为的五点要求。华为这么多年也是按照这些要求一路成长的，可见明确的追求在指导企业管理设计方面会发挥多大的价值。

每一家企业创始人都应该明确企业的成长目标，在对标华为的过程中需要注意以下几点内容。

（1）不盲目乐观与自大，树立转型时期的明确目标，用自我批判的方式找到和竞争对手的差距，并积极向外部学习和对标。任正非在适当的时候强调管理要跟得上，并且要通过内部《管理优化报》的自我批评，以及对外学习的方式来迅速提升自我，既有想法，又有办法，那么这些要求就能落地。

（2）不断巩固和提升核心竞争力。在什么都落后的情况下，奋斗才是唯一的途径。华为当时选择进军电子信息产业，要么成为领先者，要么被淘汰，没有第三条路可走。任正非一直很清晰地知道华为必须达到和保持高于行业平均的增长速度，以及高于行业中主要竞争对手的增长速度，才能增强活力，吸引优秀的人才，实现各种经营资源的最佳配置。对华为而言，就是要保证技术研发的不断投入。对于现在的中小企业，如果没有产品，就要保证服务水平和成本控制的领先，或者核心客户资源的深化。奋斗可能是唯一出路，在技术、资金、产品方面都暂时落后的情况下，只能多发展客户。

任正非也感慨过，因为落后，所以华为要奋斗，华为除了前进无路可走。沙特阿拉伯商务大臣来华为参观时，发现华为办公室的柜子上都是床垫，于是他把所有的随员都带进去，听华为解释这些床垫的作用。他也认为一个国家要富裕起来就要有奋斗精神。奋斗需一代一代地坚持下去，奋斗也是其他企业可以向华为学习的。

（3）在企业内部要营造"小改进、大奖励，大建议、只鼓励"的氛围。缺乏从上到下和从下到上的改进精神是很多发展中企业滞留原地的根本原因。企业要向华为学习虚实结合的管理氛围。华为早期要求基层必须强执行（务实），务虚仅仅是少数高层的责任。少数高层的务虚是设计公司管理架构。务虚的人要干好四件事：一是制定目标；二是管理措施；三是评议和选拔人才；四是监督控制。务实的人首先要贯彻执行目标，务虚是开放的务虚，大家可畅所欲言，然后进行民主决策。因此，华为虚实结合的管理氛围对发展中企业的启示就是在转型期要提升中、基层的执行力及高层的领导力。

1.3.2 公司要重视自己的员工

认真负责和管理有效的员工是公司最大的财富。尊重知识、尊重个性、集体奋斗和不迁就有功的员工，是公司可持续成长的内在要求。

当下已经进入人才竞争的时代。人才可以带来技术、资金及管理经验。同时，组织能力也是由各级员工的能力及其未来潜力构成的。公司竞争比拼的不仅是当下人员的能力，还有人员的可成长性。任正非一直非常重视人才建设。多年来，华为在技术上从跟随到领先，就是基于对人的投入所产生的结果。投入研发其实就是投资研发人员，用好人就是华为成功及其持续成功最主要的内部管理核心机制。

公司内部产生一两名优秀的员工可能是一种偶然现象，但批量地产生优秀员工一定是公司在内部管理上有特别之处。早期华为市场部的大辞职，体现了华为人员能上能下的优良作风。人才按照能力进行有序流动，使职位重整制度化，打破管理岗位的永久制，这一点非常值得其他公司学习和借鉴。

为什么很多公司发展到一定时候就会产生各种瓶颈？笔者认为更多还是人的能力不足造成的。在当下市场环境中，很多创业和发展中企业的经营增长速度是正常企业的 3～5 倍，那么从人员方面看，内部人员的能力提升速度是否可以跟上。有先见之明的企业会提前布局人才结构，今日多投入 100 万元，意味着未来可能会少投入 1000 万元。但拥有这种眼光和格局的企业家毕竟是少数，这也是学习华为管理的非常重要的一个底层思想。

有人问过任正非是如何发现公司的优秀员工的，任正非回答说，"他永远都不知道谁是优秀员工，就像他不知道在茫茫荒原上到底哪只是领头狼一样"。华为也呼唤英雄，但是华为不允许个人主义存在，英雄也需融入集体。就像 1994 年华为市场部大辞职，使各级员工不能依靠曾经的业绩。创业期可能你的功劳非常大，但是当公司进入另外一个阶段，你跟不上就要让路给别人。如果曾经的功勋者都可以虚心接受因自己能力不足而轮岗去提升，别人更加没有理由不接受，这就是华为培养人才的基本逻辑。

很多公司都提到过要建设一支充满战斗力的团队，而不同的公司对充满战斗力的团队的理解是不一样的，这也体现了不同公司的人才观。华为对充满战斗力的团队有自己的理解。任正非认为战斗力主要体现在三个方面：一是敏锐的嗅觉；二是不屈不挠、奋不顾身的进攻精神；三是群体奋斗。公司要扩张，其实也需要这样的团队，通过敏锐的嗅觉发现市场机会。正确的事情一定是难度很高的，所以要有不屈不挠、奋不顾身的进攻精神，并且个人主义一定要力量微小，需要依靠团队配合与协同来完成目标。很多公司在设计组织运作机制的时候往往忽视了这些简单的底层管理思想，造成个人主义盛行，甚至到了制约公司管理的程度，这些都值得我们进行管理上的反思。当然，哪些部门要有血性，哪些部门要理性，这也是有讲究的。

对于员工管理，华为的精髓可以总结如下。

（1）机会、人才、技术和产品是公司成长的主要牵引力。

（2）坚持人力资本的增值大于财务资本的增值。

（3）不搞终身雇佣制，但这不等于员工不能终身在公司工作。

（4）依靠宗旨和文化、成就与机会，以及政策和待遇，吸引和招揽人才。

（5）在报酬与待遇上坚定不移地向优秀员工倾斜。

（6）公司在经济不景气时期，以及事业成长暂时受挫阶段，或根据事业发展需要，启用自动降薪制度，避免过度裁员与人才流失，确保公司渡过难关。

（7）每位员工通过努力工作，以及在工作中增长的才干，都可能获得任职资格或职务晋升。

（8）进行职务轮换与专长培养。

以上看似属于人力资源专业，其实体现了管理者独特的管理布局能力，也是企业一把手的责任。以上这些管理理念都是可以去对标的。不同时期有不同的对应内容，但核心的底层思想是不变的，那就是基于人性的需求，基于对人的研究和理解。企业发展的主要牵引动力是机会、人才、技术、产品，这四种力量相互作用，机会牵引人才，人才牵引技术，技术牵引产品，产品牵引更多的机会，形成循环。员工在循环中处于主动位置。要重视对人的研究，让员工在集体奋斗的大环境中充分释放潜能，更有力、有序地推动公司前进。

基于以上管理理念，发展中的企业可以借鉴以下人员管理的实操方法。

（1）在公司发展不成熟的情况下，核心人员的招聘、选拔、考核及使用依然是一把手的职责。一把手不要轻易把公司的核心业务完全假手于人而只做自己擅长的领域。

（2）一把手需要投入绝大部分时间在找人和评价人上。

（3）不要和员工算小账，投资员工能力提升要舍得付出，不重视培训与人才培养的公司是没有未来的，要找到公司可复制的业务增长关键能力点来不断优化。

（4）一把手一定要参与绩效与薪酬管理的细节制定，不遗余力让公司的资源合理地向优秀员工倾斜，不断刷新和优化员工的评价标准，并清晰地不断向下逐层传递。

（5）建立合理的自动降薪模式和机制。面对突发的不可预知的外部因素，公司要有合理的应对预案，提前宣导与员工达成共识。公司在经济不景气时期，启用自动降薪制度，避免过度裁员与人才流失，其真实目的在于不断地向员工的太平意识宣战。这个是华为在发展较好的时候提出的预防措施，其成功应对了之后3年的行业寒冬。任正非认为太平意识必须长期受到打击，否则公司就会走向没落。公司的自动降薪制度就是用演习的方式进行打击。事实证明，后来华为多次面对危机时，这种机制帮助华为抵御住了外部的挑战。

（6）干部职业化及对干部不断循环赋能是公司发展过程中永恒的主题，公司要有计划地培养各级接班人。没有基层工作经验的人，不能担任基层管理人员；没有周边工作经验的人，不能担任高级管理人员。公司要形成内部跨领域的高级干部培养机制。

（7）建立内部合理有序的人才流动机制。华为尊重员工的同时又有科学的管理牵引机制，从上到下不断完善对人的共识，并且落实在各项机制与制度中。一把手不一定要掌握很多人力方面的知识，但是一把手对"人"的事情要敏感，要琢磨各级人员的需求，研究各级人员的状态，提出原则性的要求和标准，并引导公司各级体系思考解决当下的问题，不断迭代不同时期的人力管控重点。

1.3.3　公司要重视核心技术的打造

很多公司致力于追求技术领先，用技术和产品来构建核心竞争力，这个原则本没有错，但是需要结合市场和客户的需求。华为是从代理产品过渡到自己研发产品，并逐渐取得世界领先地位的。这其中有一个非常重要的底层逻辑：华为强调客户需求与技术创新的双轮驱动，没有盲目进行技术创新，而是根据客户的需求调整自己的产品研发方向和产品设计。技术过于领先而导致经营出现问题的世界级公司有不少，因此，华为在很早之前便引入 IPD 这种集成式的研发管理流程，让产品研发与市场需求对齐，并多次在内部进行"反幼稚"的批评与自我批评，这也体现了华为核心价值的要求。

就技术而言，没有最好，只有更好。学习提升是首要的，找个好老师也是非常重要的。华为的老师来自三个方面：客户、竞争对手和自己。结合客户的痛点及竞争对手产品的特点，先模仿，再超越，这是一个普遍规律。完全的创新是不现实的，国外早在很多年前就奠定了很多技术领域的标准，我们强大之前只能虚心对标和参照，再在这个基础上做我们的技术革新与产品设计。

公司发展自己的核心技术，应该注意学习华为以下的优秀经验。

（1）紧紧围绕自己熟悉和有优势资源的领域发展，不受其他投资机会的诱惑。

（2）高度重视核心技术的自主知识产权。

（3）遵循在自主开发基础上广泛开放合作的原则。

（4）没有基础技术研究的深度，就没有系统集成的高水准；没有市场和系统集成的牵引，基础技术研究就会偏离正确的方向。

结合以上四点优秀经验，针对核心技术管理，这里给出具体的落地建议。

（1）对于公司技术和商业模式的验证和支持需要脚踏实地。这些年随着移动互联网技术的普及及应用，很多传统行业和互联网技术结合就可以形成新的商业模式。很多创业公司吸引投资人的点就是用新技术颠覆和创新一些传统商业架构。这种模式听起来很吸引人，但是很多公司实际是"披着技术的外衣，干着传统的业务"，其商业模式中重要的技术支撑没有办法落地或者与业务融合。很多公司构建了一个庞大的物联网或者信息传递模式，企图用在传统业务上，结果因为自己对技术的理解与准备不足，导致公司支撑不了太久。尤其是在创始人无技术背景的情况下，这种问题就愈发凸显。

技术与商业模式的融合是一项非常系统的工作，除了对技术团队有极高要求外，业务实现的规划路径也尤为重要。业务体系一定要和技术团队多碰撞、多沟通，同时掌握竞争对手和行业的技术方向，慎重决策、谨慎选型。

（2）技术的投入要结合公司的经营状况。技术投入需要"慢工出细活"，技术的投入成本非常高。对于创业和发展中公司，技术投入的比例需要和经营结果相平衡。笔者曾经在两家"独角兽"公司担任高管，一家对技术的投入控制得较好，目前发展态势还不错；另一家就直接面临了毁灭性的结果，整个公司的业务逻辑最后都被迫重组。华为坚持拿每年销售收入的10%投入研发，这个比例是华为经过多次实践后确定的一个较为合理的比例。反观发展中公司的情况，是否有投入比例的标准和测算呢？对于技术型公司，有三个关于技术投入的关键点需要掌握：一是坚持，二是方向，三是具体的比例标准。

（3）技术人员的薪酬、考核与激励的管理要与时俱进。很多公司都面临管理技术人员的难题，因为技术类工作不像业务类工作那样显性化，其岗位具有专业性强、人才培养困难、人员替代性差、人员个性强等特点。技术人员的管理从研发流程的整体规范化入手会更容易，研发工作应从遵循计划性和业务实效性两个方面去寻找管理的关键节点。

（4）考虑打通技术与市场的轮岗机制，把客户需求与技术创新用机制来贯通。现在分工日益细化，这对中小公司来说一定是一件好事吗？这个值得讨论。笔者认为，发展中的企业更容易实现技术与业务的内部轮岗模式。轮岗不一定要让技术人员去做销售，或者让业务人员去敲代码，而是遵循内部信息的贯通机制。研发人员可以陪同销售人员一起向客户介绍产品，参加商务谈判，了解客户的需求与痛点；销售人员也可以主动收集竞品的技术资料并指导研发产品的优化方向。如果一方只管卖，另一方只顾做，那么出问题的时候必然会互相埋怨对方，公司应该从管理机制上避免出现这种情况。

1.3.4　企业要有独特的精神

华为提倡：爱祖国、爱人民、爱事业和爱生活是华为凝聚力的源泉；责任意识、创新精神、敬业精神与团结合作精神是华为企业文化的精髓；实事求是是华为人行为的准则。

企业精神其实就是企业家的格局，这和企业的追求往往是相辅相成但又有区别的。任正非在华为基本法里特别强调企业精神，其代表了企业持续发展的底蕴。当然，企业存在的基础是实现商业回报，但仅把挣钱作为终极目标的企业又能走多远呢？"心系中华，有所作为"，华为在通信行业支撑起了民族的脊梁，这就是企业精神的体现。

天行健，君子以自强不息；地势坤，君子以厚德载物。我们的祖先以无与伦比的智慧早在几千年前就给我们指明了方向。企业和个人都需要一点"精神"，但"精神"不是空洞或空虚的，爱祖国、爱人民也不应仅停留在口号的煽情上。精神应该怎么融入企业管理呢？华为早期是这样理解企业精神的，这里列举如下。

（1）君子取之以道，小人趋之以利。以物质利益为基准，是建立不起一支强大的队伍的，也是不能长久的。

（2）坚决反对空洞的理想。做好本职工作，没有基层工作经验不提拔，不唯学历。

（3）培养员工从小事开始关心他人。

（4）企业文化应该包含一定的家国情怀。

华为在取得第一阶段创业的成功后，同时启动了多项关键管理变革，任正非的格局与关注点既有出于公司经营层面的考虑，也有出于君子如何厚德载物问题的考虑，也就是公司长治久安的基础在哪里，物质建设与精神建设怎么同步。

对于企业精神，很多企业把其融合在企业文化模块中，而要真正做到企业精神的有效落地，就要解决要求与执行"两张皮"的问题。对此，笔者给企业的建议如下。

（1）企业精神要和家国情怀做一定的关联，让企业精神有国家文化的支撑。国家层面发展所用的精神支撑是值得企业家借鉴的。国家可以一步一步走过来，是有很多地方值得企业学习的。大家看到的往往是华为怎么学习西方管理理念并融合，而忽视了华为对我党、我军优良管理模式的借鉴、模仿和融合。华为的批判与自我批判，华为的民主生活会及干部成长历程，我们如果仔细研究，其实都能从中找到国家发展的一些优良基因。家国情怀不是虚无缥缈的，"自强不息，厚德载物"就包含了很多至高的、可以学习的精神哲理。

任正非说过，"个体户、一些小公司的某些经营行为都是以利益为驱动的，这都是不能长久的。所以必须使员工的目标远大化，使员工感到他的奋斗与祖国的前途、民族的命运是连在一起的，使员工为伟大祖国的繁荣昌盛、为中华民族的振兴、为自己与家人的幸福而努力奋斗。我们提倡精神文明，但我们常用物质文明去巩固。这就是我们说的两部发动机，一部为国家，一部为自己。"

企业的发展不能单纯以利益来驱动，君子取之以道，小人趋之以利，以物质利益为基准，是建立不起一支强大的队伍的，也是不能长久的。

（2）企业精神传承的关键在于核心高管的理解并以身作则。任正非对国家、对企业及对自己的父母都有很深厚的感情。任正非曾写过一篇叫作"我的父亲母亲"的文章来表达他对父母的感恩之情。笔者记得在华为工作的时候，华为内部还有过"给父母洗一次脚"的号召。这些都是很好的以身作则的体现。

（3）家国情怀是中国读书人较为朴素的治世理念。企业家及公司核心高管怎么从小事上引导员工非常关键，比如利用朋友圈的传播效应。从个人而言，笔者愿意在朋友圈分享对家人的感恩之情，而不只是分享工作、奋斗的内容。笔者希望通过这种方式把正向的情绪传递给员工，这也是另一种形式的以身作则。

（4）公司的口号要实际和务实，让员工听得亲切，跟得上时代发展的步伐。企业要研究大势，这个大势不仅是行业和客户需求，还有政治与经济的方向。在一段时间内，华为内部提倡奋斗精神和国家的精神目标要一致。对员工而言，在华为反对空洞，提倡干一行爱一行，务实是华为人很重要的品质。在华为，公司尊重那些踏踏实实、认真努力、恪守职责并不断改进自己工作的老员工，会给予他们更多的培训机会，帮助他们进行工作适应性调整，使他们在合乎自己能力的岗位上发挥作用，并通过不断改进本职工作来提升自己的待遇。对于中、高级干部，公司要求他们加强管理技能训练，提升业务素质以满足时代的需要。

精神是一种内在基因，是企业的经营管理哲学，也是企业的行为标准。企业要把管理融合在家国情怀中，激发员工的责任心和自驱力，让企业走得更稳、更远。

1.3.5 公司发展要注意内外部利益的平衡

华为主张在客户、员工与合作者之间结成利益共同体，努力探索按生产要素分配的内部动力机制。华为决不让"雷锋"吃亏，奉献者定当得到合理的回报。

企业经营的核心目标是实现商业回报，在这个过程中，给客户提供价值，满足上下游产业链的利益诉求，并同步给到员工合理的薪酬回报，这是一个很理想的循环。

华为当年在通信行业异军突起，给竞争对手带来了巨大的冲击，也给整个产业链带来了新的"玩法"。在这个过程中，华为一开始可以说是市场的"捣乱者"，价格体系的"破坏者"，这也是公司在创业初期没有办法的选择。为了赢得客户和市场份额，公司需要战术和策略。但是就市场整体而言，市场是一个均衡的生态系统。华为的出现无非是让原来的卖方市场更加趋近于买方市场，打破行业过高的垄断和利润水平，其实造福的是整个行业生态和众多客户。开放必然带来竞争，竞争必然带来技术、产品的升级，从而更好地服务企业客户与个人用户。

华为进入国际市场之后非常注意整个行业生态的维护，破坏行业生态其实就是在破坏华为赖以生存的基础。因此，在华为基本法中，华为特别提到了"在客户、员工与合作者之间结成利益共同体"，与华为提倡的"深淘滩、低作堰"是有前后传承关系的。华为内部有很多关于此观点的口号，例如"节制自己对利润的贪欲""赚小钱，不赚大钱"。赚小钱的底层逻辑在于在行业中"占位置"这样的一个出发点，长期保持饥饿状态，从而达到持久挣钱的状态。

企业有哪些利益需要去管理和平衡呢？首先是要有将矛盾的对立关系转化为合作协调关系的意识和能力。在众多的关系和利益中，首先是实现对客户的长远承诺，坚持和优良供应商的真诚合作并对其尊重；其次是解决公司竞争力提升与当期效益获取的平衡、组织与个人的利益平衡的问题，在诸种矛盾和利益冲突中，寻找一种合二为一的利益平衡点，驱动利益相关者共同为之努力。

任正非独到的利益管理原则是把矛盾关系变成利益共同体，让矛盾变成一种动力。这就表现为华为与客户之间、华为与供应商之间、华为与员工之间的矛盾与平衡。

公司考虑的是长远利益，是不断提升长期竞争力。员工考虑的是短期利益，因为他们不知道将来还会不会在公司工作。解决这个矛盾就是要在长远利益和短期利益之间找到平衡点。所以，华为实行了员工配股。员工从公司当期效益中得到工资、奖金、退休金、医疗保障，从长远投资中得到公司利润分红。这样做避免了员工的短视，这也是在发展中不断协调各方矛盾。对于供应商的管理也是如此，给供应商一定的合理利润空间，而非一味地牺牲后端成本去满足前端客户的需求，这样也是不长久的。华为的供应商管理也是非常有特色的，这里就不一一赘述了。

为了有利益分配的空间，还有一个重要的环节是不断在内部挖掘潜力，并且确保对未来的合理投入。内部挖掘潜力不是单纯地严格控制成本、裁减人员，而是想办法去除那些不产生价值的流程与组织，提高内部的运作效率。特别是技术型公司，如果不能从单纯靠技术壁垒取胜转到结合管理取胜，那么也是不持久的，因为很多技术壁垒并不是绝对的。

综合华为走过的路，结合利益的平衡，这里给发展中的企业以下建议。

（1）要建立员工利益与公司发展紧密关联的机制。不让"雷锋"吃亏不是停留在愿望层面的，要让员工绩效与公司经营效益产生关联，并且能体现在员工收入水平上。持续的绩效管理和薪酬优化应该是一把手在很长时间内需要高度关注的事情，只有考评相对公平和科学，薪酬发放才会有的放矢。

（2）公司要保持合理的增长才有可能达到各方利益分配的平衡。公司的发展是硬道理，不进反退就是这么残酷。公司规模越大，受到的挑战就越大，如果停滞不前，那么最后的结果只能是不断沉沦。外部的客观困难与不定性永远存在，公司只能勇敢面对，而不能失去前进之心。公司要警惕关键财务指标的增长放缓或者进入不增长的状态，只有增长，才能应对外部的竞争和满足内部员工成长的诉求。没有合理的成长速度也不能给员工提供更大的成长空间和更多的机会。各级员工的诉求也是有阶段性变化的，不管物质激励还是精神激励，其"天花板"都与公司的规模和效益有直接关系。公司只有不断增长，让各级员工可以不断刷新和挑战认知边界，打开认知视角，员工才会与公司同呼吸、共命运。

（3）好的产品或服务必然需要高额的成本，不要妄图在整个供应商体系找到长期物美价廉的合作伙伴。产品或服务的成本总是有一定限度的，商业的本质是任何商家都不会长期低于成本出售它的产品或服务。商业利益不能指望投机取巧的运气，任何产业都需要稳定和高质量的后端供应商体系，用低价购买高质量产品或服务是偶然事件而非常规操作。"双十一"打折的商品很少有当季的或者畅销的，道理其实是一样的。

（4）未来的竞争是管理的竞争，要让管理优化成为公司控制成本的核心手段。有些传统公司，面临利润增长的要求时，好像除了大规模裁减人员就没有其他手段了，内部组织架构层叠冗余、流程冗长烦琐，往往不在这些事情上下功夫，就是集中手段控制人，这样的公司管理很容易陷入疲于奔命的状态。公司发展不好的时候裁员，好的时候又靠人海战术来增加效益，这其实是在管理上没有找到降本增效的有效途径的表现。

管理不是单纯的管控，而是驱动内部资源的合理分配。管理的目标是从客户中来，又回到客户中去，减少中间环节，让公司所有体系围绕客户去思考。客户、供应商、员工与公司是利益共同体，让各方利益分配达到动态的平衡，是公司经营管理水平的综合反映，也是核心竞争力的集中体现，公司在发展过程中不能顾此失彼。公司不追求利润最大化，而是利润合理化，给公司的利益共同体留下可分配的空间。

1.3.6　公司要重视企业文化建设与承担社会责任

华为认为资源是会枯竭的，而文化会生生不息。这里的文化不是娱乐活动，而是一种生产关系，不仅包含知识、技术、管理、情操等，也包含一切促进生产力发展的无形因素。曾经的华为一无所有，只有靠知识、技术和管理，在人的头脑中挖掘财富。

华为通过几十年的努力，确立了自己的价值观。这些价值观与企业的行为逐步可以相辅相成，形成闭合循环，使华为逐渐从人治走向法治。

任正非对企业文化与社会责任的认知，给我们最大的启发体现为以下关键点。

（1）企业的发展过程不能被资本恶意绑架，资本必须依附在企业知识产权与技术上，知识产权和技术的价值和支配力应该超越资本。

（2）企业管理的重点方向是保证做正确的事，通过有效的管理构建一个平台，使技术、人才和资金发挥最大的潜能。

（3）公司实施正向激励推动为主、惩罚为辅的管理机制，不要忌讳谈及公司的不良状态。在员工层面，要让员工明白奋斗的意义实际上是改善生活，为自己、为家人，也为国家。员工的奋斗目标要实事求是，合乎现阶段的认知水平，不要空喊口号。公司要鼓励和引导员工把本职工作做好。

（4）管理者要警惕企业文化氛围的变化。组织能力是在企业增值中自动形成的，而组织的懈怠往往是从管理层开始的，比如领袖们不再讲"故事"了，管理者厌倦讲"故事"和传播"故事"了，员工不再相信"故事"了。不断追赶竞争对手，提升组织的活力与创造力，取决于管理层的认知方式。

（5）引导组织内个体的"选择"与"相信"，从而走向胜利与不断胜利。组织是一群人的信念集合体，对管理者的考验就是讲的"故事"是否可信，是否愿意第一个为自己讲的"故事"而跳入"龙潭虎穴"，是否愿意奉献，管理一定不能脱离一线场景。而"故事"架构建立在制度的轨迹上，让员工相信不是靠单纯地"画饼"，"契约神圣"是现代组织的基座。

1.4 管理"四力"助力发展中企业"破局"与"增长"

学习华为管理，首先要搞清企业自身的特点和不足，然后找到学习的目标，以实现"破局"和"增长"。

1.4.1 华为的"不可学"与"可学"

发展中企业到底向华为学什么？笔者认为有些能学，有些不能轻易尝试，至少不能照搬，需要根据企业的发展阶段进行迭代和优化，比如不能盲目对标华为的薪酬绩效管理体系，照搬华为的任职资格管理体系，或者完全平移华为铁三角的业务管理模式等，这些对标取决于企业所处行业的发展态势和企业的盈利能力，以及企业内部有没有形成高度的管理共识，或者企业有没有完整的从战略制定到执行的管理支撑体系等。

但是，华为依旧是可以学习的，企业学习华为不能照猫画虎。笔者在帮助一些企业进行发展的过程中发现，企业更需要先了解和学习不同行业和不同发展阶段企业的背景情况、产品技术和实际业务，甚至适应企业创始人的个人风格和那些跟着老板打天下至今的高管团队的做事习惯，去理解他们形成现在这样的管理体系和认知现状背后的原因，之后才能把"华为经验"结合企业的实际情况，有选择性地加以改良，去逐步应用和落地，并在过程中不断观察效果和周边反馈，用不断融合迭代的改良版的"华为经验"去帮助企业迭代其各项管理体系。

信服但是绝不盲从，一切从实际出发，找到华为历史上和企业现状相吻合的状态，学习那个时候、那个状态下的华为生存发展之道，从底层管理逻辑去对标华为。如能做到这些，华为的管理是可以在其他企业落地的。

1.4.2 管理好"四力"是发展中企业"破局"和"增长"的秘诀

发展中的企业如何向华为学习，笔者认为，向华为学习，重要的是要管理好企业的"四力"，可以借鉴的华为管理"四力"如图 1.2 所示。

图 1.2　可以借鉴的华为管理"四力"

通过研究华为成功的经验，笔者提炼出其他企业可以借鉴、学习的华为管理的四种能力：战略力、销售力、组织力（人力资源管理能力）、文化力。前三种能力在融合过程中逐渐形成企业的文化力，本书将对这四种能力的建设展开深入的介绍和分析。

在学习华为管理的过程中，发展中企业不妨先在如下方面做些思考和借鉴，这或许就是成功学习华为管理精髓的秘诀。

（1）围绕"以客户为中心"，聚焦擅长与高附加价值的事情，坚持客户需求导向的技术创新方向，不在非战略机会点消耗竞争资源。

（2）内部不断统一思想与文化，让精神文明促进企业业务发展，核心价值观与核心竞争力相辅相成，持续进行业务流程优化与组织变革，形成强大的具备自我优化功能的组织管理能力。

（3）持续向行业标杆、客户与竞争对手学习，同时注意本土融合，在保持方向大致正确的同时，持续进行"组织永远充满活力"的内部管理变革，做到力出一孔及利出一孔。

（4）以自我批判的方式客观看待自己的成功，保持危机意识，远离机会主义。

（5）形成以奋斗者为本、思想上艰苦奋斗的组织氛围，并以完善的激励体系、科学的价值评价标准，完美地解决"分好钱"的核心问题。

第二章

CHAPTER 02

战略力让企业保持
大致正确的方向

战略一词最早来源于军事，从概念上来说是一种从全局考虑，实现全局目标的规划。商场如同战场，战争中出现的各种不确定环境就如同企业所处的市场环境，想要克敌制胜，出其不意，以弱胜强，比拼的是企业布局未来的能力。企业战略的本质是企业的定位，根据定位再选择适合自己的模式（商业模式、管理模式等）。

2.1　理解战略思维

战略是一个管理体系，管理体系存在的目的就是解决问题，科学的战略管理解决的就是"凭什么是你赢"的问题。战略目标的设定不能拍脑袋，战略想法和战略目标完全是两个层面的存在，一个可以随心所欲，另一个就需要大胆假设，严谨求证及有力执行。战略目标不是玩数字游戏，今年 5 亿元，明年就能 10 亿元，从数字上去做完美的模型，与其这样还不如多花点时间把事情实现的路径想清楚。战略目标的设定依靠战略思维，什么是战略思维，大致有五点。

（1）战略涉及的领域。公司到底在哪些领域竞争，公司在哪个市场提供什么样的产品，使用什么样的核心技术，处在价值链的哪个环节。

（2）战略的实现路径。用什么方法进入这个竞争领域，并购、合作、合资还是自主发展，这是实现路径的问题。

（3）战略涉及的差异化和竞争。相对于竞争者，或者提供类似产品或服务的公司，本公司到底有什么不同，有什么相对优势，从而使客户愿意向本公司购买产品或服务，而不是竞争者。

（4）战略涉及的盈利模式。公司到底靠什么赚钱，是规模经济，薄利多销，还是产品便宜。

（5）战略涉及的实现步骤。哪些事情是要先做的，哪些是未来一年需要做的，哪些是未来两年需要做的。

五个要素之下，才考虑资源配置、人员安排、组织架构建立、人才激励等。

要让战略思维接地气，企业就必须时刻思考以下问题，特别是企业的一把手（创始人）和核心管理团队。

（1）从机制上如何做到共赢（客户、员工、合作伙伴、股东）。

（2）如何保障各部门在战略上的协同和力出一孔。

（3）面向新业务和市场风险，战略上如何进行管理。

（4）如何保障战略方向的稳定性，如何调整战略。

（5）战略意图与规划是如何通过充分讨论并达成共识的。

（6）战略决策的机制是什么。

（7）高管如何从关注管理日常转变为关注战略。

（8）战略是如何执行落地的。

2.2　战略管理框架设定

企业在设计战略管理机制的时候，要有一套战略管理的全景框架，这个框架要具备如下特征。

2.2.1　战略源于愿景、使命、核心价值观以及经营思想

战略源于愿景、使命、核心价值观及经营思想。愿景和使命是更高层次的目标，核心价值观是实现目标的重要保障，经营思想是愿景、使命、

核心价值观落地的具体体现和精髓提炼。

很多企业的愿景和使命中都有这样的字眼："我们要成为××""我们要提供××"。但是很多时候企业设定的战略目标是无法支撑这些内容的，或者设计战略目标时根本就没有考虑这些事情。大部分公司的核心价值观都要求以客户为中心，其实其经营原则已经背离了这个核心价值观：企业可能牺牲客户的利益来成就自己，导致战略与愿景、使命脱节，经营思想和核心价值观有冲突。这些问题是谁之过？

企业文化的落地是战略管理的灵魂所在。从某种意义上而言，愿景和使命就是一种指引，而战略是具体的实施策略，如果指引是错误的，那么战略做得再精彩也只能是空中楼阁。在愿景和使命的制定和优化过程中，需要注意以下几点。

（1）企业的愿景和使命虽然源于创始人或老板，但最重要的是要和企业核心高管达成共识并形成共同的信念。这个事情的核心责任人是老板，最有效的方式就是勤沟通。

（2）愿景和使命应简单明了，不要长篇大论。

（3）不录用质疑企业愿景和使命的人员，不管他的能力有多强。

（4）企业的愿景和使命要根据企业发展的不同阶段做动态的调整。

（5）企业的愿景和使命要不断通过企业经营取得的业绩向下传递，企业重要会议和年报上要有愿景和使命宣传的部分，在企业发展过程中要有计划地收集、整理与此相关的案例。案例的学习和感悟是最好的培训方式。

企业的核心价值观是企业要实现自身愿景、使命所必须遵循的最基本的价值标准和价值信仰，是企业经营的一套永恒的指导原则，以及企业得以安身立命的根本。简单而言，核心价值观就是企业倡导什么、反对什么、赞赏什么、批判什么的基本原则。

（1）核心价值观不是简单地堆叠关键词，而是要有层次与逻辑地设计，简单明了，表达清晰。我们可以看到很多企业的核心价值观是没有内在逻辑设计的，与经营和企业现状关联较少，大部分都是对单方面的要求。这样的核心价值观因为设计的问题，后续执行可能也会流于形式。

（2）核心价值观的提炼不是一项全民活动，而是创始人与核心高管心路历程的总结。核心价值观体现的是企业提倡什么和反对什么，不能把核心价值观和个人的思想道德建设等同看待，而是要从经营的角度来思考，企业最需要什么样的团队和员工状态，结合过去成败得失的经验与教训，基于当下、放眼未来地设计和提炼最关键的内容。这个思考的过程也是后续对企业核心价值观由来最好的解释，都是需要同步记录的。

（3）企业要为核心价值观同步设计组织保障与牵引、约束机制。

2.2.2 战略需要依靠流程和方法，实现从"假设"到"可衡量与可管理"

1.战略要有组织

根据公司的发展情况，这个组织可以是实体的，也可以是虚拟的，但是不管如何，有一个组织体系统筹战略的全流程管理是必要的。管理战略的组织具体负责什么呢？可以从以下几个方面去对标。

（1）战略方向的讨论与决策。

（2）销售与产品的重大投入策略的制定与决策。

（3）公司整体战略目标的评审与决策，以及公司整体目标与业务战略、部门战略、职能战略的统筹管理。

（4）跨部门、跨领域的战略举措跟踪与落地，战略事宜的跨部门协调。

（5）战略执行的评估与过程监控。

（6）建设内外部的蓝军机制，控制和防范战略风险。

2. 战略要有工具和方法

不管华为的业务领先模型（Business Leadership Model，BLM）和业务执行力模型（Business Execution Model，BEM），还是很多公司常用的平衡计分卡（Balanced Score Card，BSC）战略模型，在战略管理中都需要有从上到下、统一战略规划的系统性思考和规划工具，用来统一内部语言及形成共识。

3. 战略要有流程

战略管理流程如下。

战略思考：公司关键少数人对组织战略的核心内涵进行思考和探索的过程。它解决的是战略的宏观问题。

战略共识：公司高管团队通过集体探索、辩论和沟通，实现对战略的认知和承诺，是高管团队"理念对齐""思路对齐""目标对齐"的过程。它解决的是战略同频的问题。

战略解码：对战略进行分解和具体化，并确定相对近期的时间表、资源分配、责任分工的过程。它解决的是战略微观问题（怎么干、如何干），也就是战略如何层层拆解，确保"上下同欲"的问题。

战略实施与动态回顾：把战略和日常工作、财务预算、经营计划和考核激励挂钩。它解决的是防止战略和经营"两张皮"的问题，强调通过复盘调整、考核激励把事干成。

工具和方法是基于运作流程植入的，在这个过程中，要明确输入和输出的内容，以及相关决策机制。

4. 战略要有运营管理，要让日常管理为战略管理做好支撑

虽然战略的执行会分散在各个体系进行，但是战略执行的统筹管理不能过于分散，一定要紧紧盯住战略从制定到执行的过程，并有效进行风险管理。

战略运营不仅指组织战略会议，还有数据和过程的管理。这其中还包含很多跟战略过程管理相关的日常管理。

跟战略相关的日常管理机制如下。

（1）公司级别的月度经营分析会，双周或者周度高级管理例会。

（2）季度、半年度和年度的经营总结会。

（3）产、供、销的月度或者季度例会。

（4）公司级或者战略级的重大项目的项目分析会。

（5）战略规划研讨会、战略复盘会、战略发布会等。

5. 战略要有管理变革的配合

多年以来，很多公司只闷头做战略，却从来不注意与战略落地配套的管理变革，还停留在治标不治本的阶段。如果哪家公司的战略规划没有包含变革的内容，笔者认为多半这个战略是无法落地的。

战略管理是一个系统性的思考，相应需要系统性的解决方案做配合。公司的管理有长板，肯定也会有短板。如果在整个战略规划中没有专门针对短板的解决举措，公司的整体战略往往是没有办法实现的。

解决了以上五个问题，就完成了公司战略管理的闭环。在这个螺旋上升的过程中，不断提升组织效能，逐渐把公司战略与客户战略进行联动循环，让公司逐渐成为管理型公司，最后升级为战略驱动型公司，脱离资源

加老板的传统模式，这是公司走向成熟的必经之路。

2.3 战略管理的核心就是寻求对现状的"破局"

企业在发展，内外部环境也在变化，如果不及时调整和优化，那么过去取得成功的人或经验，很可能成为企业发展道路上的阻碍。战略管理是企业进入一定阶段在管理上的一种自我反省和复盘，从这个层面而言，战略管理对企业的意义如下。

2.3.1 战略管理要求企业破除发展到一定阶段形成的惯性思维

战略管理首先不是战略想法的简单碰撞，很多企业现在做战略就是简单地在想法层面进行讨论，偏向务虚地协商之后就没有下文了。战略管理应该是一个连续性、系统性的思考过程，也是需要持续滚动迭代的，需要核心人员在每年不断重复对未来 3 ～ 5 年的思考。随着外部环境的改变，战略的调整周期会越来越短，调整频率会越来越高。这就要求企业的核心管理层不断否定自己，不断思考新的出路和发展方向，并形成可以执行的路径。

假设、验证、否定、再假设、再验证、找到出路，全力以赴，获取阶段性的胜利；再假设、再验证……周而复始，循环反复。这个过程就是在打破惯性思维，走出舒适区。这也是为什么很多战略管理模型都会把价值观和领导力作为非常重要的战略管理点：价值观是企业不忘初心的保障，领导力是企业可以与时俱进的发动机。

华为的战略之所以更加有效，是因为华为有"以客户为中心"的价值观、长期的危机意识，以及一直在坚持自我批判的内部管理氛围。华为从来没有觉得危机离自己远去。因此，即使在业绩比较好的时候，各级高管也能居安思危，布局新的增长曲线。国家和企业的创新动力来自危机感，没有危机感，就不会有真正意义上的创新落地。优秀企业就是在危机的连续压迫下，不断提高自己在行业价值链中的地位和优势，从而获得更好的发展机会，成长为行业的霸主。

华为最初是做产品代理销售的，发现机会后开始自己研发交换机；接着不断通过研发和市场的投入，增加自己在通信行业产业链中的价值；在运营商业务发展较好的时候，又布局了企业网和消费者两大新的事业群，并取得了巨大的成功。这个过程就是在不断打破惯性思维，带动技术和管理、商业模式的创新，形成第二曲线、第三曲线的增长。而反观很多企业，诺基亚也好，柯达也罢，都在发展得比较好的时候开始逐渐走下坡路。这些企业的战略是有完整规划的，但是没有达到破除惯性思维的作用。

2.3.2　战略管理要求企业追求长期、稳定、有效的增长

企业最大的危机就是面临业务不增长、利润不增长而缺乏"破局"的动力和决心。华为一直避免自己出现收入和利润双负增长的情况。曾有一段时间，华为对海外分、子公司的负责人的代表的考核中有明确的规则：如果收入和利润双负增长，那么该负责人会被直接淘汰。

企业利润不增长必然会走向灭亡。原材料每年在涨价，现有的客户的预算可能在减少，员工的生活诉求在持续升高，企业如果不增长，根本无法对抗内外部成本增加的压力。战略管理让企业不断修正方向，选择做正确的事情，而不是躺在过去成功的经验上停滞不前。

2.3.3　战略管理的流程和工具很重要，但是"人"才是核心

战略管理的工具和流程固然可以对标华为、阿里巴巴及很多优秀的企业，但是战略制定和执行的关键要素还是人。特别是企业的核心管理层要有全面的战略管理思维，并具备战略制定的能力。

人是思考战略、制定战略、执行战略和监控战略的主要责任主体。不敢想象，如果华为没有余承东，那么华为现在的企业消费者业务会是一个什么状态。你也许会说，即使没有余承东，华为还是会有其他人来做这件事。笔者不这么看。一件事的成功有偶然因素，也会有必然因素。余承东是华为培养出来的众多优秀高管中的一员，有华为才会有余承东，这个不假。但是，换一个高管来做未必能取得余承东现在这样的业绩，看似矛盾，其实很现实。

再好的工具也需要对的人来使用，企业在对标华为战略管理的时候，不仅要注意学工具和方法，也要注意怎么让使用工具的人可以具备驾驭这些工具的能力。所以，工具只是工具，关键是企业在落实这些工具的时候，要让人的相关认知和管理思维能够跟得上战略管理的流程和工具，这是需要在前期做管理铺垫和要求的。战略的务实和务虚的讨论是有必要的，一些必要的培训导入也是需要的，最好可以由有经验的外部人员跟随企业一起完整地经历一个战略周期。

2.3.4　战略管理工作的重点是找到"破局"的机会点，形成完整的公司目标体系

公司的目标应该包含三个部分（三个层面）：战略目标、市场／山头目标、年度目标。其中反映的是企业对价值客户、价值产品、价值区域的

深度思考和策略设置。华为目标体系如图 2.1 所示。

战略目标
对未来3～5年市场格局有重大影响，具有标志性、示范性效应，
以及得到产业和客户的认可

产品得到验证，对竞争力和
产品质量提升有重大意义

品牌意义，拉开与
竞争对手的差距

- 突破（价值产品
  在价值客户和价
  值区域首次突破）
- 做宽（价值客户
  多产品覆盖）
- 做深（价值区域
  份额提升）

市场/山头目标

年度目标

- 财务层面
- 客户层面
- 内部运营流程层面
- 学习与成长层面

瞄准：头部客户 +主力产品 + 关键新技术 + 格局

图 2.1　华为目标体系

华为对目标体系的第一个层面，战略目标是如何定义的呢？华为认为战略目标要做到在未来 3 ～ 5 年对市场格局有重大影响，具有标志性、示范性效应，以及得到产业和客户的认可。

当年小灵通在国内有着百亿元级的市场空间，斯达康和中兴等很多公司都在小灵通业务上赚得盆满钵满。为什么华为选择对小灵通业务战略性放弃？这是因为当时华为在储备 3G 相关的技术时，对小灵通业务做了研判，认为其是一项过时的技术，虽然可能短期会获得一些利益，但是它对整个公司未来在无线通信领域的布局是没有多大意义的。所以，华为没有跟风去做，而是坚定地布局 3G 相关的技术。这就是华为对行业趋势的独特判断，这个判断到最后也得到了非常好的验证。

战略目标首先是要对未来产生格局影响。其实华为当年在 2G 无线通信领域是一个跟随者。跟随是很痛苦的，为了在无线通信领域产生更大的格局，华为就必须有新的产品和新的技术才能够跨过整个行业的门槛。所以，华为不留余力地布局 3G 标准和产品，分布式基站的横空出世让华为看到了超越竞争对手的希望，才有了后来 4G 的引领和 5G 的绝对领先，这是华为战略落地非常直接的体现。

战略目标要对竞争力和产品质量提升有重大意义，包括华为的品牌需要拉开和竞争对手的差距。公司设定的目标是否是战略目标，可以对照以上标准做自查。

华为目标体系的第二个层面就是华为非常关注的市场/山头目标。有了战略目标之后，一定也要有战略目标的实际落脚点，这个落脚点可能就是跟公司布局相关的价值产品、价值客户、价值区域，这就是市场/山头目标。

这个层次的目标也是很多公司缺乏关注的，从战略目标到年度目标的分解过程中缺失了这样一个环节，这个环节需要公司和价值产品、价值客户、价值区域有很强的关联。

对于市场/山头目标，需要掌握的重要逻辑包括突破、做宽和做深。

突破意味着用公司最有价值的产品，在最有价值的客户及最有价值的区域实现首次突破，这个就是一个典型的市场/山头目标，对未来战略布局有着重大影响。华为当年布局 3G 产品时，用的重磅武器就是分布式 3G 基站，只有这个价值产品在欧洲主流运营商实现大规模布局，才意味着华为的产品被真正认可。因此，2006 年，华为在阿联酋这个比较发达的国家实现了 3G 的第一个实验局部署，这就是突破。紧接着，在 2006 年下半年和 2007 年年初，华为与西班牙 VDF 大规模合作，实现了价值客户和价值区域的突破。

再说**做宽**，还以西班牙 VDF 为例，现在在西班牙 VDF 采购了华为的无线通信设备。华为为了增加收益，还希望西班牙 VDF 可以接受其光网络产品、固网和核心网的产品。华为通过扎实的销售运营，逐渐把这些产品导入客户，这就实现了在重要客户身上的多产品覆盖，有利于品牌和产品竞争力的提升，这就是做宽。

最后说**做深**。例如，目前西班牙 VDF 对无线通信设备的采购，华为只占整体份额的 20%，诺西占 30%，爱立信占 40%，还有 10% 给了中兴。那么，华为要考虑的就是如何把 20% 的份额提升到 30%，甚至 40%。对应这样一个目标，华为需要思考的具体策略包含应该有什么样的客户公关策略、应该有什么样的产品布局、应该有什么样的竞争策略，以及这些策略如何组合来实现最终的目标。华为的最终目标是让自身产品在整个市场的份额可以得到进一步的提升，同时打击竞争对手，与竞争对手拉开差距，并让自身与价值客户能产生更深层次的战略合作。这就是在单个客户或者单个区域做深的要求。

因此，围绕价值客户、价值区域和价值产品，就会产生突破性的目标、做宽的目标和做深的目标。这些目标可能不是在一个年度内就可以完成的，可能需要销售、产品研发、供应链体系一起协同配合，形成阶段性的可以监控和管理的关键控制点，那么目标自然就能达成。

华为在年度目标里都会有明确的市场/山头目标，这个目标会下发给产品研发和销售部门，分别从产品技术与客户关系两个层面来协同。例如，需要攻克哪一个运营商，需要在哪一个运营商的热点区域里提升哪一个产品的份额，需要把哪些产品售卖到哪些区域和售卖给哪些客户。有了这些目标的牵引，在年度目标这个维度就可以落实到财务层面、客户层面、内部运营流程层面及学习与成长层面，形成具体指标和重要事项的年度要求。

对华为来说，战略是非常具象化的描述。华为的战略会瞄准头部客户，比如全球前 20 名的运营商；还会瞄准主力产品，哪一个产品可能在未来对整个市场布局及盈利有重大影响，华为就会去布局。包括主力产品对应的关键新技术，以及对华为市场格局影响的综合事项，华为都会通过战略综合考虑。

华为的战略充满了战争气息，就是因为华为明确了需要攻克的战略控制点，后面要做的就是集中优势和资源对这些战略控制点形成压强，这就是华为战略的精髓。

制定战略，就是从机会点出发，围绕价值产品、价值客户、价值区域来布局和策划。

2.4　战略定力的养成

很多公司的创始人充满创业热情，拥有对行业和客户的深刻理解和商业敏感度，他们勤奋好学，付出了超过常人的努力并承受着巨大的压力。但是，很多创始人缺乏战略管理的系统性思维，如果其没有准确把握公司的战略方向，其战术上的勤奋也最终要为其战略的误判来埋单。

公司管理问题要从顶层设计（业务战略）开始回溯，解决之道往往存在于前线（市场和客户）。而大多数公司的管理往往是反其道而行之，先拿市场和客户说事，比如大环境不好，客户没有预算，再从内部组织管理中寻找解决之道，这就是战略思维模式出了问题。

战略定力的形成过程是：管理共识养成战略思维，形成公司战略导向，在战略投入中不断进行修正与纠偏，形成战略信心，最终产生战略定力。

2.4.1　没有管理共识，必然会造成战略思维的不统一

公司的发展方向就是企业管理共识的根本，而共识就是人心，从这个角度而言，经营公司就是经营人心。

公司创始人对公司的发展方向要保持一致，公司核心高管要相信和支持创始人的想法，这是公司最重要的共识。如果一部分高管只想挣钱和分钱，享受物质回报的快乐，而另一部分高管想做大做强，改变行业，造福更多的人，那么这两种截然不同的想法必然会产生不一样的管理思维，严重的时候甚至会祸起萧墙，很多公司就是倒在了内耗的道路上。

华为在创业初期也经历过任正非和其他初创人员对公司发展定位不一致的情况，最后，任正非只能选择自己独自控制公司，这才有了华为后续的崛起。想法决定行为，战略必须统一在共同的想法之下，才有可能变成组织共同的目标。

2.4.2　没有战略思维的公司，必然不会有明确的战略导向

什么是战略思维？按照经营来说，战略思维就是围绕着如何更好地"增长"与"破局"来进行产品布局与市场规划。这个过程要考虑客户的需求变化、差异化的产品设计，以及持续的盈利能力建设等。没有战略思维，就意味着找不到战略实现的关键点。

战略关键点从整体来说就是公司的战略导向，比如华为坚持每年把销售利润的 10% 投入研发，华为高度关注客户关系的建设，华为产品研发的方向一定是以市场与客户需求为基准的。战略导向规范了公司的很多经营性策略和资源投入的倾向。

2.4.3　没有战略导向的公司，必然不会有科学的战略投入

如果找不到战略实现的关键点，意味着资源的投入可能就是盲目的或者不聚焦。落实到具体战术层面就会出现不同的选择，比如公司是先扩充

研发团队还是销售团队，先攻克区域客户还是直接进军全国，投入国内还是投入海外等。没有明确的关键点，就可能造成战略资源的空置和浪费。

2.4.4 不当的战略投入，必然会影响内外部的战略信心

华为掌门人任正非当年力排众议做了很多让人"大跌眼镜"的决策，但是华为取得的优异成绩不仅证明了任正非决策的正确，也树立了任正非标杆的地位，让核心团队始终紧紧地团结在任正非身边。经营公司跟领导一场战役类似，所有的将领跟着最高指挥官都是期望获取胜利的，而一场场战役的失败会严重打击将士的信心和影响外部的支持。

2.4.5 面对外部利益诱惑和短期困难时，锻炼战略定力

战略是一个长期规划，不能因为短期的困难或者出现新的利益诱惑就放弃已选择的战略，战略定力是公司走向成熟的表现，考验的是公司经营管理的心性与格局。成熟的团队是能够做到面对胜利不骄傲、面对挫折不急躁、面对短期利益诱惑看长期效应的。

2.5 战略管理的执行

2.5.1 如何理解华为的战略管理全流程

华为的战略能力是建立在组织和流程上的。在组织保障方面，华为经营管理核心团队＋战略管理部门＋各个业务单元（BU）/区域核心人员构

成了华为战略的制定者，分别牵头完成公司级战略、业务体系战略和职能战略，各个层级关注的战略控制点有较大区别。公司级战略主要关注顶层商业模式及行业机会的选择，并关心大商业组织的长期目标和有效增长，进行高端资源配置；业务体系战略聚焦在各大产品与区域体系，关注客户选择、产品竞争力、商业模式、生态协同及财务安全；职能战略聚焦资源保障与协同。

在公司组织架构和董事会的常务委员会下，专门设置了战略发展委员会，负责公司的战略与创新管理、市场和产品的重大决策制定、跨体系业务协调与结算、内部风险防范机制建立等。

华为战略管理流程框架（Develop Strategy To Execution，DSTE）总共有四个比较大的环节，分别是战略制定、战略展开（业务规划）、战略执行与监控、战略评估。这是一个不断动态循环迭代的过程，其中每个环节都有很多工作。结合辅导企业的经验，笔者给出便于发展中企业理解和掌握的战略管理流程框架，如图 2.2 所示。

第一个环节称为战略制定，也称为战略规划（Strategy Plan，SP）。战略制定包含战略方向、业务战略、组织战略、人才战略、变革战略。第一阶段的战略制定是第二阶段战略展开（业务规划）的重要输入。

这个阶段重要的工作输出就是把战略意图（想法）变成战略，并形成战略举措（关键事项）及可衡量的指标或者标准，这些指标或者标准是可以分解成 3 ~ 5 年的远期和阶段性目标的。

在战略制定过程中，要注意思考以下核心问题。

（1）客户是谁？哪些客户是价值客户？价值客户有哪些特定的需求？

（2）客户为什么会选择我们？我们的产品和服务相对竞争对手而言带给客户的独特价值是什么？怎么扩大这种和竞争对手的产品及品牌的差异？

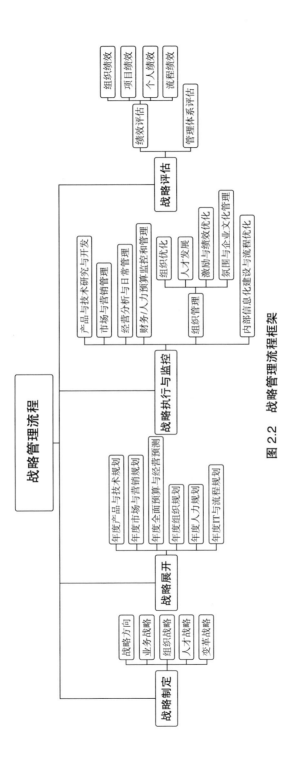

图 2.2 战略管理流程框架

（3）我们如何实现盈利？

（4）在经营范围内，我们有哪些合作伙伴，我们和产业价值链上下游的合作协作点是什么，哪些是我们自己可以控制的？

（5）如何保证在产业价值链中持续获取盈利，我们的核心竞争力具体体现在哪些方面？

（6）存在哪些潜在风险，我们应该如何应对？

第二个环节称为战略展开，也称为业务规划（Business Plan，BP），即将战略输出为年度业务规划。业务规划的具体内容包括年度产品与技术规划、年度市场与营销规划、年度全面预算与经营预测、年度组织规划、年度人力规划、年度 IT 与流程规划等，通过业务规划驱动资源准备，把战略需求与现有资源拉通管理。

第三个环节称为战略执行与监控，是通过经营管理来进行的。战略执行与监控环节就包含以上规划任务的具体实施，过程中要进行财务与人力的核算和监控、组织实施的优化、职位与任职的更新、人才获取与配置、激励与考核优化、氛围与企业文化管理及组织学习与发展，很多事项需要 IT 与流程的配合和实施。

最后一个环节称为战略评估，以结果来论证战略规划、业务规划和年度目标的实现情况。战略评估即绩效审视，包含对整个管理体系的评估，各种项目绩效的评估，组织、流程与个人绩效的评估等。

华为每年的年度规划在前一年的第 4 季度就启动了，一直持续到第二年的 2 月左右，经历总部机关与各个区域多轮的沟通与修改，其间也包含产品线、客户线、区域线的多重横向与纵向的沟通。

战略制定是一门艺术，把艺术变成可管理的不是一件容易的事，不落实的战略就仅仅是口号而已。DTSE 有着鲜明的华为模式，该模式是其他企业可以借鉴的。

首先，战略规划有很多会议。从集团到区域，从产品到销售，很多规划是开会"吵"出来的，因此相关的会议非常多。那么，整个战略讨论的会议安排就很重要了，谁先开，谁后开，谁评审，谁汇报，这是非常细致的组织安排。华为会对所有会议进行日程化安排，通过时间节点从下到上倒逼各级组织有序地进行信息收集、汇总和初步沟通，确保整体规划的高效运作。

其次，战略规划的语言和方法都是统一的，都是在 BLM/BEM 战略模型下进行思考和策划的。战略规划汇报的材料也是经过各个管理体系精心设计的，在一次汇报中就对战略规划、业务规划、全面预算、人力预算、述职总结、年度目标、年度重点关键举措等内容进行有效集成，明确各环节的开展节奏和评审程序，并且直接关联目标管理，确保战略执行的闭环。

最后，DTSE 有清晰的规划和预算的授权决策体系，避免出现互相推诿、停滞不前的状态。

2.5.2　从战略和业务规划中导出年度目标

战略需要逐层分解，目的是导出可以衡量和管理的战略举措及对应的考核指标，并形成 3 ～ 5 年的重点工作、项目计划或者任务，以确保战略目标的达成，以及通过向下沟通和向下传递形成公司的管理共识。各级管理人员要明白两个大的问题：为什么要做、如何去做。由此可将战略细化到年度，延伸出年度关键任务和指标要求。

战略可分解成三大部分：战略举措、重点工作 / 关键事项、执行与管理细则。

战略举措包含战略、关键战略举措、关键战略举措对应的衡量指标，这就构成了战略衡量的评估体系，这部分在战略制定中展开。战略规划的主要关键节点包含战略洞察（类似于内外部环境分析）、战略方向（产品与市场定位）、战略机会点、业务设计、战略里程碑等。

重点工作／关键事项包含关键举措和目标、年度重点工作、子项目／子任务。这部分在年度业务计划与预算（即战略展开和业务规划）中展开，包含从市场销售线索到形成回款的相关策略，对应的产品、销售策略和行动计划，关键财务指标，财务预算和人力预算，组织绩效和个人绩效等。

执行与管理细则就是企业的日常运营管理体系，包含战略指标的监控，重点工作和计划的过程管理，对结果进行评估、考核与激励。这部分在战略的执行、监控和评估中展开。

年度目标落地最关键的是战略举措和重点工作／关键事项要紧密联系在一起，并配套合理的日常运营与考核激励手段。

以某产品的业务规划大纲为例向大家说明重点工作／关键事项具体怎么规划。

（1）该产品的市场规模预估：该产品的市场空间；可以参与的机会点及市场份额。

（2）产品体系中按照战略优先级进行细分：哪些子产品是价值产品，哪些区域是价值区域，哪些客户是价值客户。所谓价值，是指有利于合同额、订货额和利润的导向，以及有利于构建公司长远目标的核心竞争力。

（3）预算的预估：包含收入、利润等关键产品指标；投入预计及经营策略方向、人力预算等。

（4）关键任务及子任务：包括关键的技术、产品、营销举措、各种任务清单、对应的目标及关键策略。

【案例】华为从产品线与区域两个维度拉通年度目标规划

华为的年度目标规划逻辑是从产品线和区域两个维度展开的，两个维度要相互验证，也要互相质疑和碰撞，不同产品落到不同区域的预算都要拉通来进行考虑。经过产品线与区域两个维度的碰撞，最后公司发布的年度目标可以精准地做到产品预算从区域汇总数据严格等同于单个产品线汇总的数据。

以华为运营商事业群的产品线和区域的联动规划来具体举例。

华为的产品线是利润中心，每年产品线要规划自己的年度目标与预算。区域是以客户为主导的销售服务体系（销服体系）。产品线研发的产品要通过区域出售给客户，两者的利益关系是一致的。越是大的层面，目标相对越容易统一，但是涉及某个具体的子产品在某个区域的具体目标规划时，就会产生很多有争议的地方。比如从大的层面来说，无线通信产品2012年规划100亿元的大盘，欧洲区域是分10亿元，还是分6亿元，产品线总部和欧洲区域就需要沟通、碰撞。欧洲区域的总裁会有自己对本市场无线通信产品的考虑，如果产品线总部和区域在考虑上能一致还好。如果不一致，那么双方就需要尽可能地说服对方接受自己的观点。这是一个较为漫长的过程，需要产品线总部和区域一起梳理当年的市场空间、客户投资及目前竞争态势。产品线总部考虑的是单个产品在区域的目标诉求，而区域考虑的则是在售卖全系列多产品线产品情况下对单个产品的目标诉求。因此，从当年9月开始，华为启动机会点到订货的梳理，可能经过多轮的述职汇报与拉通比较，最后在第二年的2月才能最终确定，因为在争议不下的时候，需要靠华为最高的经营决策机构来定夺。经过严谨的分析和讨论决策，华为可以形成横向、纵向非常一致的目标数据。华为总部产品线年度目标和华为区域年度目标分别如表2.1和表2.2所示。

表2.1　华为总部产品线年度目标

单位：亿美元

总部产品线（产品线下还有细分的子产品线）	20×× 年目标
无线	100
业软	50
网络	120
核心网	60
固网	80
合计	410

表2.2　华为区域年度目标

单位：亿美元

片区（片区下是国家代表处）/产品	无线	业软	网络	核心网	固网	合计
中东、北非片区	20	6	12	7	8	53
中国区	30	10	20	10	12	82
西非	8	4	21	6	12	51
南非	8	4	15	4	9	40
欧洲	6	4	8	6	10	34
东太	6	6	12	7	9	40
亚太	10	8	16	10	10	54
拉美	12	8	16	10	10	56
合计	100	50	120	60	80	410

以上仅展示了华为运营商较大层面的订货目标分解，其实从这个级别再往下分也是一样可以拉通的。区域可以向下分到地区部、国家代表处层

面，产品线也可以向下分解到二级产品线及更细的子产品线，比如无线产品可以划分为 GSM、UMTS、CDMA、LTE（华为无线产品线的下级子产品线）等。同时在客户层面，针对全球范围的超级大运营商，比如沃达丰、英国电信、意大利电信等也有针对性的产品规划和策略设计。不论怎么划分，到国家代表处层面，这些数据都可以做到横向和纵向的完全对齐。客户、产品、区域三个维度的规划拉通对齐，让总部各个体系与一线部门形成责任共同体、利益共同体、命运共同体，互相督促、互相协助，这也是华为"胜则举杯相庆，败则拼死相救"氛围的实际体现。围绕以客户为中心，公司前后端群策群力，互相补位，来实现公司年度目标。

2.5.3　年度目标规划的关键点

1. 建立稳定的信息获取与分析渠道，功夫在平常，重视收集宏观、行业、客户、竞争对手及自己的有效信息作为年度目标规划的有效输入

不论 2B 还是 2C 的行业，年度目标规划都离不开对宏观、行业、客户、竞争对手及自己的分析。分析的目的是了解外部环境的变化，看清楚行业的政策方向，摸清客户的需求或者投资计划，获取市场的最新资讯，了解竞争对手的动态，对比自己的不足。这在华为被称为"五看"。

市场洞察是规划的前导因素，是非常重要的规划输入数据来源。对于某些行业，一个政策文件可能就会改变产业结构，某些关键原材料的变化可能就会引发行业地震。客户的需求和投资计划也是随着这些大势变化的，离开这些去谈规划，那就是井底之蛙、闭门造车。

看行业：站在客户的角度分析外部大环境（政治、经济、社会、科技）的变化给客户带来的影响，切忌做学术研究，而是发掘客户所受的冲击与影响。

看行业：行业环境要素中管制政策对客户的影响是最直接的，技术趋势影响远期发展方向等。

看客户：客户洞察不是指某个客户服务人员、客户接触人员对客户的熟悉与了解的能力，它是指在企业或部门层面对客户数据的全面掌握及在市场营销与客户互动各环节的有效应用，包含了解客户背景信息（产品、服务等）、股权结构、关键财务指标（收入、收入增长率、信用等级）、行业地位（关键竞争对手、合作伙伴）等，核心是需要了解客户的生存环境，分析客户的战略投资和规划。对2C的企业而言，就是要研究客户的消费习惯及喜好等。对于2B的企业，就是要理解客户的战略，其中包括客户的愿景、客户股东的要求、客户的商业目标及社会责任等。明白和了解客户所处的环境，其中包括社会环境、客户所在行业的政策管制与技术革新、客户的竞争对手等，综合以上信息得到对客户战略和投资计划的深刻理解，并进一步在这个基础上摸清楚客户的运营模式及组织架构。

看竞争对手：重点分析竞争对手对行业及客户的影响，这不仅仅指产品方面，更重要的是要掌握竞争对手最新的营销策略及管理手段的变化。

看自己：主要根据以上分析找自身差距，如自己与竞争对手的差距、自己与客户期望的差距。

"五看"考验的是经营管理人员的系统性思维，这些内容在日常经营活动中需要不断思考和更新，因此功夫在日常。对应这个要求，建立一个稳定的信息来源尤为重要。大公司有战略市场部这样的部门专职进行竞争性信息的收集和分析，小公司也可以通过和客户内部关键人员建立长期、稳定、密切的关系获取这些信息。通过这些信息，公司可以明确知道自己和行业方向的差距，明确和客户期望的鸿沟，找到和竞争对手的差距，从而调整自己在新一年中的"排兵"和"布阵"，包括关键的运营策略等。

以上"五看"衍生出来的核心价值如下：公司想服务什么样的客户；客户为什么会选择公司；公司在市场上和产业链上下游要采取什么活动；对于客户需求和竞争对手，公司的核心资源与优势是什么；这种优势如何转换为公司的盈利能力。

想通以上内容，然后再进行资源调配、奖惩机制的设置，就能过渡到具体年度目标与关键举措的设置。

2. 年度目标规划是一个自下而上、自上而下的完整闭环，输出的结果就是从上到下的清晰目标及关键举措

笔者建议的年度目标规划流程如下。

（1）公司统一好规划模板（年度总结、成败得失分析、第二年规划及目标，细化到关键举措），由公司最小经营单元及部门先行总结和规划，完成后提交上级经营体系评审。

（2）上级经营体系汇总所有最小经营单元的总结和规划后，反馈初步的指导与修改意见到最小经营单元，然后最小经营单元根据下级经营单元上报的信息和对更高层信息的了解，给出自己的年度总结及规划。

（3）管理层的年度总结与规划提交给公司的经营决策机构统一评审，反复讨论后，由公司的最高经营决策机构给出最终的指导意见，在这个层面确定公司的年度规划及核心指标与关键任务举措。

（4）管理层根据公司最高经营决策机构决策的目标，分解最新的目标到下面各级经营单元和部门，完成年度目标最后的确认及层层分解。

在这个过程中，有几个运作关键点需要注意。

（1）将管理层的年度总结与述职作为年度目标规划的管理工具之一，

具体要求参见 2.5.5 小节。

（2）规划模板要考虑业务、财务、人力的打通配合，在数据上要打通，在需求上要对齐，不要抛开业务、财务、人力去谈规划。

（3）目标要上下左右拉通，从产品结构、业务结构、区域分布及客户分类等各个方面，把数据拉通，逻辑理顺，具体目标都有对应的产品、客户、区域经营数据的分解与支撑，目标源头是客户的规划与需求。

（4）目标不仅仅是财务数据，更多的还有实现目标要做的关键举措，这些关键举措的落地直接影响目标的完成，因此这些举措并不只是思路性的框架，更核心的是要落实到具体实现路径、责任人及时间节点，完成的标准也要明确，做到过程与结果统一。

3. 年度目标规划是左右拉通的一个过程，因此要强调部门之间与体系之间的协同，建议关键指标一定要进行联动考核

很多部门、体系的指标完成是要依靠其他部门、体系的协助与配合的，这些指标的梳理其实就是资源的重新配置，以及相关部门责、权、利的进一步明确，有些专项问题，需要跨部门解决，其实在年初就可以迅速安排下来。这里笔者强烈建议职能与平台体系和业务部门一起承担业务关键指标，只不过权重没有业务体系高，这也是一种业务融合的牵引。

2.5.4 年度目标数据的确定

不能让年度目标"漂浮"在空洞的数据指标上，年度目标制定不能成为数字游戏。何谓目标"漂浮"在空洞的数据指标上呢？最显著的表现就是年度指标数据缺乏必要的推理逻辑，数字凭空而来，缺乏可以落地的实现路径，市场机会、市场目标、市场预算、指标体系和关键举措之间严重脱节。公司大多不缺乏承诺指标的勇气，但是缺乏对精耕细作的目标实现过程的思考。

公司可以从以下几个方面来进行管理优化。

1. 深度分析战略机会点，找到对应的战略控制点

深度分析战略机会点，找到对应的战略控制点，这是在目标规划阶段就要做足的功课，"磨刀不误砍柴工"，不把价值客户的突破、价值区域的扩张、价值产品的模式设计想清楚，很难得到有效的结果。

对于战略机会，这是每家公司因行业、发展阶段和模式不同要去个性化思考的东西，思考的广度和深度从一定层面上决定了公司发展的高度和格局。但是在清晰的战略机会点面前，公司要清晰地知道战略控制点在哪里。

何谓战略控制点？战略控制点就是公司可以保护业务利润来源的特别控制点。战略控制点让公司的商业模式具有可持续性，保护公司的发展，避免受到单一大客户或者市场波动的影响；保护公司的商业模式和产品的差异性，避免因竞争者的模仿而受到影响。说直白一点，战略控制点就是公司的领先性、差异性和排他性。

战略控制点的例子举不胜举。比如微软可以一家独大，是因为它牢牢掌握着产业上下游的价值链；微信可以超载几乎所有的社交通信软件，是因为它拥有绝对优势比例的市场份额；华为可以在通信领域风生水起，是因为它的产品优势和在业内有出色的客户关系做支撑。以上这些都是战略控制点，构成了公司商业模式赖以延续和发展的生命线。

战略控制点可以是客户关系，公司和客户关系好，客户忠诚于公司，

就是公司独特的优势；战略控制点也可以是产品和技术，公司拥有较低的成品成本及较强的性能优势，就可以领先竞争对手；战略控制点还可以是有形或者无形的资产，比如中东国家坐拥庞大的石油资源。

基于以上内容，再反过来看年度指标能否对建立战略控制点形成支撑和帮助。看在完成收入增长目标的同时，在战略控制点方面能否实现核心价值客户的拓展、新区域的扩张、新产品销售份额的增加等，这样去联动设计数据指标体系，将目标层层分解，找到年度最关键的指标，就能形成目标从规划到实现的完整闭环。

2. 数据指标监控与目标复盘紧密配套，不要让指标成为孤岛

很多发展中的企业，因为管理成熟度还不够，只能看到大概的方向，对整个年度的数据指标，其具体实现路径及关键举措还无法看透，这也是个现实情况。这时，逼着高级管理者去思考支撑举措，细化行动方案，在某种层面上也不太现实。不过这也没有关系，能有细化的落地举措和分解的行动计划固然很好，如果实在没有，至少核心指标能围绕着战略控制点去设置，并且核心指标与战略控制点之间有很好的逻辑关系。这个时候要做的补救配套举措就是要做好这些数据考核指标的复盘。如果无法考虑一年的举措，那么围绕这些指标，至少要把月度和季度的落地举措规划清楚。

复盘，就是要充分利用好月度、季度、半年度的经营分析会或者管理例会，管好当下，让每月、每季度、每半年的重点工作围绕目标实现来设计，从一定程度上也可以消除年度想不清楚整体落地路径的问题，这比较适合新成立的事业部或者还处于试点模式状态的创业公司。

对于成熟业务或成熟公司，就要通过网格化作战的分析模式，拉网式

地分析在重点客户、重点市场层面还能做什么，深度研究竞争对手。因为对于成熟市场，市场空间可能已经相对饱和了，要增长，只能与竞争对手竞争，虽然残酷，但是思考的方向是正确的。

3.不要刻意罗列数据指标，数据指标不是越多越好

有些管理者还是很有使命感和发展觉悟的，觉得年度指标罗列得越详细越好，恨不得也抢着去背负周边部门主导的一些关键指标。这个逻辑是有一定问题的。虽然经营指标之间是有关联关系的，但是每个体系都有自己的主责和主攻方向，是否一起核算业绩，同时考核同类指标，和业务模式有很大关系。

强耦合的销售组织就需要一起承担销售考核任务，比如华为销售铁三角模式中，客户经理和解决方案经理要一起考核订货额（合同额）的指标，因为二者要密切配合去获得业务订单，客户经理统筹客户需求，维持客户关系，解决方案经理把客户需求变成解决方案，给客户做产品配置，和客户经理一起给客户做报价和澄清商务，参与合同签订的谈判，这种紧密的合作关系决定了客户经理和解决方案经理必须一起承担销售任务。

如果部门之间是纯粹的上下游关系，比如供应链和销售体系，供应链的发货指标要受销售指标的影响，那么供应链也要去背负销售指标吗？显然不是，供应链背负的是发货指标及周转指标，这是赋予供应链内部推动的力量，也是销售指标主责部门和配合部门比较大的区别。

因此，数据指标要精准和精练，不要为了堆砌功劳去列举一堆没有意义的数据指标，要抓住需要主动去推动的指标。

总结一下，年度目标规划的要点：年度指标要有数据性、可衡量；数据指标一定要围绕战略机会点和战略控制点，努力细化实现路径和行动计

划，同时注意不要做无效数据的粉饰和堆砌；做好阶段性的复盘和短期计划的落实跟进。

2.5.5　年度目标规划的配套管理工具：管理层年度述职

年度目标不仅要有科学的规划，而且也要结合管理层年度述职的表达不断强化，这样才能真正达到"目标一致、思路一致和理念一致"。管理层年度述职是一种非常好用的年度目标规划的配套管理工具。

年度目标规划要输出执行层面的具体内容并形成汇报点，便于评审和决策，这也是年度述职的意义所在。华为是以年度述职的模式来进行各个级别的规划落地的，把业务、财务、人力进行统筹拉通。

年度述职是非常有效的检验管理者综合能力的工具，不仅仅能考察当下这一年管理者的业绩成果，更重要的是能看出管理者对未来的思考及对自身能力改善的驱动力。在述职过程中，可以看到管理者对战略的思考、对业务的规划、对团队的管理及对有限资源的整合与分配。年度述职就是年底大考，中、高级管理者是否可以按照公司战略的要求交出合格的问卷，也是确定管理者是否留任及年终绩效好坏非常重要的一步。述职材料表达是否清晰和逻辑性是否强也反映了管理者工作思路是否清晰，识别问题、解决问题是否具备准确、高效的能力。那么，年度述职具体该怎么设计呢？

整体而言，述职应包含两个方面的内容：一是对过往的总结，二是对未来的规划。对管理者而言，更重要的是如何通过往年的成败得失进行第二年具体事项的改善提升，这里面体现着管理者日常的积累和思考能力。述职的整体逻辑应该是，业务差距和问题激发新的想法（管理＋业务），想法形成策略，策略对应目标，目标之下有完整的工作计划与实施路径，目标可以分解到不同团队和个人，形成对应的奖惩。在"想法、策略、目标、工作计划、实施路径、奖惩"这六个层面实现统一。

我们先一起来看看华为区域业务负责人述职的几大板块的要求。

（1）本年度业务完成情况总结及差异分析。

（2）对本区域 / 本产品线的市场分析（五看：宏观、行业、客户、竞争对手和自己）。

（3）本区域目前市场格局现状与未来格局诉求（产品、客户、区域）。

（4）本区域未来的市场机会点及市场空间（战略机会、关键项目、客户投资计划等）。

（5）支撑年度规划的销售预算（人员、结构、费用、成本）。

（6）具体年度目标规划及实现举措。

建议发展中公司可以从以下几个大的方面来做细化约束。

1.述职期内的全面总结

这部分是大家较为熟悉的部分，根据年度目标及任务的设定，来总结各项指标的完成情况，重点在于对未完成指标进行原因分析。高级管理人员要基于公司长期稳定增长的基点来阐述相关工作的推进情况，比如从重点客户突破、产品布局、区域经营等方面来进行汇报。此外，关于内部运营流程优化、团队管理及人才培养也可以做相关总结，提炼亮点，反思问题点。

2.对于所处内外部环境的分析

这部分可以称为市场洞察，市场洞察不仅业务体系要做，其实职能体系也一样可以从自己的职责维度去做一些分析。

这里常用的工具就是"五看"（具体参见"年度目标规划的关键点"小节）。公司可以参考表 2.3 列示模板进行"五看"分析的归纳输出。

表 2.3 "五看"分析示例（看行业、看客户、看竞争对手、看自己、看机会）

项目	看行业	看客户	看竞争对手	看自己、看机会
描述重点	结合区域情况，重点描述行业投资规模预估、行业机会点的分布	选择什么类型的客户，公司目前的客户结构如何，高价值的客户在哪里，高价值客户的需求是什么	竞争对手有什么重大变化，对公司最大的威胁是什么	客户为什么选择公司，公司的客户拓展策略是什么
您的理解（简洁、清晰）				

注意，以上是在战略规划和落地阶段需要完成的"五看"分析，本书后续篇章会介绍销售力中的市场规划阶段也需要做"五看"分析，一个是公司战略洞察视角，另一个是销售管理和市场洞察视角，并不重复和矛盾，两个环节都需要做"五看"分析。

以上分析是为了找到战略机会点，进而形成年度目标规划相关内容，如表 2.4 ～表 2.7 所示。

表 2.4 ××年度工作规划（业务痛点分析）

项目	公司目前的业务痛点（从您负责的职能体系来看业务）	此痛点对您分管的体系有什么具体需求	您助力业务的具体思路或者措施
业务痛点 1			
业务痛点 2			
业务痛点 3			

表 2.5　××年度工作规划（围绕全年目标达成的重要工作举措）

××年下半年关键举措（客户拓展、业务改进、内部管理优化、团队管理等方面）	达成标准（时间节点、完成标准）

表 2.6　××年度工作规划（管理与团队建设规则）

团队管理	具体措施及计划
人才获得	
人员培养	
人员考核与优化	
人员激励	
团队氛围建设	

表 2.7　××年度工作规划（跨部门协作改进建议）

跨部门协作改进建议	
跨部门协作需求	
管理改进建议	

3. 将自己的策略转化为年度考核指标

这里介绍一种战略解码方法：IPOOC 方法。从 Input（输入）、Process（过程）、Output（输出）和 OutCome（收益）四个维度识别影响战略举措的关键成功要素（Critical Success Factors，CSF）。成熟业务一般以输出、收益指标为主，新业务同时考虑输入和过程指标，输入和过程维度的引入能确保战略举措落地。

我们用提升市场占有率这个年度关键举措作为例子来详细说明 IPOOC 的具体用法。

（1）从输入（需要导入的资源）来说，为了提升市场占有率，企业需要给客户提供更加专业的匹配客户需求的产品解决方案，需要在一线有专业的服务拓展人员，这两个因素就是关键成功要素，对应可以形成客户需求的满足率及专家到位率这两个考核指标。

（2）从过程来看，为了提高市场占有率，企业需要提升规范运作项目的效率，同时改善客户关系，对应可以形成销售流程的合规遵从性及客户满意度这两个考核指标。

（3）从输出来看，企业需要获得客户的价值认同，以及取得关键性竞争项目的胜利来证明市场占有率的提升，这又可以形成签单率及关键客户突破的考核指标。

（4）最后从收益来看，市场占有率提升的长期价值是企业市场份额增加、合同额增加、利润改善，这些都可以成为配套检查结果的考核验证指标。

这样，一个关键的战略举措就可以分解成若干关键成功要素，分别对应不同的部门，形成联动性的考核指标。

4. 确定完成业务所需的资源

要有产出，一定会有投入，这就涉及人、财、物等资源，一个优秀的中、高级管理者是可以兼顾这些资源要素的，并通过业务预算来匹配所需要的资源。

5. 呈现目标和支撑举措

把指标体系结构性地呈现出来，再重点描述达成目标的举措和具体行动计划。述职中对应的措施要明确时间点和事项完成的标准，落实到具体的部门和人员。

6. 管理层年度述职中要注意的关键事项

（1）上一年度目标规划的完成总结和下一年度目标规划的设想是年度述职的重要内容。年度述职可以按照从上往下或从下往上的顺序进行。述职的考评人员需要从公司发展与增长的角度识别管理层年度述职中第二年的规划是否合理，策略是否得当，费用是否合理，点评环节要对其中设定的目标及实现目标的策略进行详细分析和质疑盘问，对第一次述职未通过的可以要求重新述职汇报。

（2）战略关注的很多关键指标的改善需要不同体系的联动配合，对述职的考核也要同步。

在图 2.3 中，对于类似于华为铁三角的部门组织（CC3），为了完成项目整体从线索到回款的业务目标，需要将参与项目的三个关键角色的关键绩效指标（Key Performance Indicater，KPI）考核体系联动起来。

（3）公司管理机构需要统筹公司的 KPI 考核设置，KPI 不能搞成大拼盘，要瞄准关键支撑与事项。

（4）年度述职要少说客观困难，多说主观努力及解决方案。围绕年度目标，各个部门的关键举措需要细化及落地。目标和措施不能停留在喊口号层面，应避免诸如"加强""加大""强化"这类较为模糊的描述。目标和措施没有办法数据化，也就没有具体衡量的标准，不可衡量就不能被有效管理。

小结一下，战略是公司保持发展方向大致正确的顶层设计，而战略执行过程是需要依靠组织、人力、激励与氛围几个方面做支撑的，这就是公司组织力的体现。

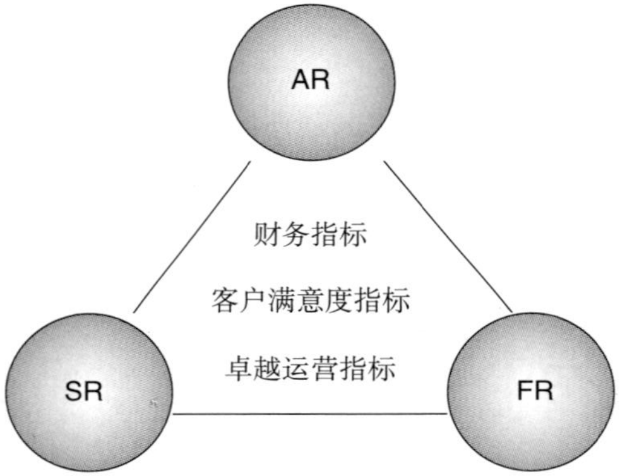

分类	牵引点	考核指标	权重
客户层面	市场目标管理	市场目标完成率	20%
	客户关系管理	客户关系提升目标完成率	10%
	客户满意度	客户满意度	10%
财务层面	规模	订货	20%
		收入	20%
		回款	10%
	现金流与运营资产效率	应收账款周转天数（DSO）	5%
	组织运营	交易质量山头问题改进	5%

客户经理

分类	牵引点	考核指标	权重
客户层面	市场目标管理	市场目标完成率	20%
	客户关系管理	客户关系提升目标完成率	10%
	客户满意度	客户满意度	10%
财务层面	规模	订货	40%
		客户群订货增长	10%
	现金流与运营资产效率	销售毛利率	10%

解决方案经理

分类	牵引点	考核指标	权重
客户层面	市场目标管理	收入	20%
	客户关系管理	客户关系提升目标完成率	10%
	客户满意度	客户满意度	20%
财务层面	现金流与运营资产效率	交付成本率	15%
		库存周转率（ITO）	15%
	组织运营	专业服务销售毛利率	15%
		网络安全保障	5%

交付经理

图 2.3　铁三角组织的三个关键角色共同承担的 KPI

财务指标
客户满意度指标
卓越运营指标

共同的KPI确保华为铁三角紧密协同并承担端到端的职责
1.收入、成本、利润
2.客户满意度
3.时间、预算、质量方面的偏差

第三章

销售力是企业的
造血能力

销售力是企业实现"破局"与"增长"的具体手段。市场营销就是常说的"Sales&Marketing"，是企业最重要的管理活动。因为市场营销是企业产生收入和利润的来源。本章基于笔者在华为工作的经验来介绍如何进行市场规划、客户关系管理、线索管理、销售机会点管理、合同执行管理等一整套完整的营销过程。

3.1　销售力五要素之一：市场规划

制定销售策略和打法，以及可落地的行动计划是需要建立在尽可能具备确定性的业务方向、行业客户群体和营销目标上的，否则就有可能浪费资源和时间，从而错失开拓市场的好时机。因此，在开展具体的销售动作之前，先要看清楚市场、定清楚目标和预测、理清楚资源和业务设计，市场规划是比销售运作先行一步的。

市场规划的目标是最终确保公司的业务可持续发展，其既要瞄准近期的利益获取，又要兼顾未来长远的发展。具体而言，市场规划的内容如下。

（1）市场洞察：理解企业所处的宏观环境、行业发展态势、竞争概况和可能的机会点。

（2）市场选择：确定要进入的细分市场、覆盖的目标客户群体和客户需求。

（3）制定业务策略和计划：营销策略和动作的制定。例如，某个目标行业的产品解决方案，销售渠道、定价、市场宣传、服务支持和订单交付等具体计划。

（4）执行业务策略和计划：为市场营销的不同目标匹配不同的营销动作和形式。

3.1.1　市场洞察

公司在调动人力、物力、财力等各种资源进攻一个市场之前，需要先分析和掌握这个市场的各项信息和状态，对这个市场进行摸底，进而判断这个市场是否是目标价值市场，才能决定是否要投入资源、投入什么样的资源，以及用什么样的方式进攻这个市场，或者进攻这个市场的哪些方面。如果未经调研分析就盲目进攻一个市场，很可能造成资源的浪费和进度的滞后。

华为市场洞察的方法可以采用战略规划里的"五看"：看行业、看客户、看竞争对手、看自己和看机会。

1. 看行业

看行业是指从行业的角度进行宏观环境分析。宏观环境分析是站在客户的角度分析外部环境变化给客户带来的影响，通常会从政治、社会、经济、科技四个方面来分析。华为在进军某个国家所处的海外市场之前，会对这个国家的政治局面进行分析。一般政局稳定的国家才有心思和精力发展经济，但也不是说政局不稳定的国家就没有发展潜力。再看这个国家是否在引进外商方面有较好的经济扶持政策，是否有上下游产业链的配合和优质的本地合作伙伴一起开拓市场、服务客户，是否有充足的人才供给，当地政府近几年的投资重点及法律法规对通信行业基建的支持力度等。

众所周知，发展固定网络需要先在地下预埋光纤等通信线缆。在我国，通信基建挖沟是很常见的事情，但在其他国家就不一定了。南非曾是英联邦国家，土地是私有化的，得到政府许可的运营商如果需要在某块土地挖沟预埋线缆，也要看这块土地是否属于私人；如果是，那么要和土地的所有人进行沟通协调，达成一致后才能开工。所以，我们经常能看到的现象是在一片生活区里，运营商挨家挨户做工作，确保和市民达成一致，这样工程才能如期推进。因此，在南非，固定网络的发展比较迟缓，反而移动网络（3G 和 4G）的发展较迅猛，大多数用户使用的都是移动网络，对移动网络的升级迭代需求也很旺盛。华为在刚进入南非市场的时候，就主打移动网络解决方案，最先开拓出来的业务也是无线基站类的产品。这是需要先分析市场的宏观环境、再制定针对性的营销策略的典型案例。

管制政策对客户的影响是直接的，而技术趋势变化则会影响行业远期的走向。例如，通信行业从 3G 到 4G 的切换，从 4G 到 5G 的演变，每次在行业里发生的技术更新换代都会带来巨大的商业机会。但若华为在电信运营商行业遇到某些国家政府的管制政策，被质疑通信产品的安全性，就很难突破该国市场。近些年，云计算是新兴业务且发展迅猛，有可能成为新的业务增长点。于是，华为专门成立"Cloud&AI BG"进入新的领域，与 BAT（百度、阿里巴巴和腾讯）同台竞争。对中小企业而言，行业的变化和机遇更加重要。2020 年年初开始的新冠肺炎疫情迫使众多企业无法复工，于是大量远程办公和在线协作类企业服务应用，尤其是 SaaS 软件变成了企业在新冠肺炎疫情期间重要的远程办公工具，多年来在我国被低估的企业服务类软件行业迎来了新发展。

2. 看客户

看客户是市场洞察的核心，其他"四看"本质上也是围绕分析和理解客户需求进行的。包括华为在内的许多公司一直在讲"以客户为中心"，首先要先了解关键大客户的背景信息，以及客户最近的发展状况、提供的产品和服务、股权结构、公司组织架构、关键财务指标、行业地位、竞争对手和合作伙伴，从这些信息中可以获取客户的发展环境。最重要的是要了解客户当年的投资计划、商业目标和压力挑战，识别客户的需求和痛点，这样才能提供有针对性的产品或服务解决方案。只有看明白了客户需求，企业才能了解进入什么领域和研发什么样的产品或服务，明白如何设置内部工作流程和组织架构来匹配客户需求。

3. 看竞争对手

几乎不存在没有竞争对手的市场。企业需要先识别谁是自己的竞争对手，然后摸排和调研关键竞争对手的各项信息，并制定有针对性的竞争策略。企业通常可以采取 SWOT 分析法（S 代表优势、W 代表劣势、O 代表机会、T 代表威胁）来系统地分析竞争对手。华为很重视对竞争对手的研究和分析，甚至组建专门的部门来开展这项工作。

4. 看自己

看自己主要是分析自身的优、劣势，关注两个差距：一是与竞争对手的差距；二是与客户期望的差距。因为企业自身肯定是具备一定优势的，所以差距可能是正值也可能是负值。看清了差距，才能提前判断风险和保持自己的优势。

看自己主要通过客户关系、产品解决方案、交付和服务能力，以及平台组织能力几个维度来分析自身。华为最早实行的"农村包围城市"的战略，就是因为在公司发展的早期阶段，省会和其他一线城市的电信设备市场被外资企业（思科、摩托罗拉和爱立信等）垄断，外资企业长期盘踞主要战场赚得盆满钵满，那些年是外资企业的黄金年代。而在当时，三、四线城市的电信局采购负责人都要主动到上海或者北京的外资企业的总部购买设备，当时是典型的卖家市场。华为当时产品成熟度有限，品牌知名度不高，在分析了自己与竞争对手的差距，了解到客户的期望之后，华为决定先从三、四线城市甚至更偏远的地区突破。竞争对手"不稀罕"的市场，华为视若珍宝，上门服务客户。产品不成熟、不稳定，就派工程师驻扎在客户的机房里，白天调试设备，晚上就睡在机房里，用高质量的服务打动和赢得客户。华为抓住了这片盲点市场，不断打磨产品，在三、四线城市的市场占有率越来越高。站稳脚跟之后，华为开始向主战场发起进攻，一步步取得成功。

5. 看机会

看机会主要是研究企业在目标市场的客户身上可以获得哪些值得投资的商业机会，需要判断的是这些商业机会的市场空间有多大、增长速度如何。看机会主要从市场份额和市场增长率两个维度进行分析。做这一步分析很重要，可避免投资方向错误。因为有些机会的市场份额空间看着不小，但是市场占有率增速很有限，属于夕阳业务，需要谨慎投资。而有些机会目前的市场份额空间不大，但市场占有率增速很快，未来市场空间很大，可以考虑加大投资。

对中小企业来说，市场洞察在企业的不同发展阶段会发挥不同的作用。

（1）初创阶段：一开始决定做什么样的产品，不是拍脑袋决定的，而是由市场需求和客户需求决定的。市场洞察可以有效地指导产品的定位。

分析市场上还有哪些客户的需求没有被满足，或者客户的哪些需求没有被满足。同时，通过分析竞争对手，尽量避免去做与强大竞争对手同质化程度较高的产品，从差异化的产品和功能方面多思考，才能找到市场切入口。

（2）快速成长阶段：这个阶段正是企业资源充足、扩张快的时候，企业效率是关键的因素，效率高就可以让增长更快和更持续。扎实的市场洞察可以有效地指导资源投放方向，将人力、物力、财力投入优势市场和高价值客户群体，客户聚焦和力出一孔，避免因高速发展而自我感觉良好，从而做出什么都想试一下的"撒胡椒面"的错误举动。

（3）增长平缓阶段：此时中小企业往往经过几个阶段的发展进入了平台期，更需要冷静地重新审视和计划下一步动作。基于"五看"的市场洞察可能会成为这个阶段中小企业的破局工具。重新看客户有哪些新需求而自己的能力可以满足，市场趋势有哪些新变化而竞争对手并没有太多关注，这些都可能是企业的新机会和新增长点。

（4）危机和低谷阶段：很多企业在这个阶段会选择做减法，如裁员和收缩业务。市场洞察是避免盲目削减产品线和业务线、避免过度裁员以错失经济回暖后的复苏机会的有效方式。企业通过市场洞察，分析出需求依然旺盛的行业客户，保留满足这些客户需求的具有核心竞争力的产品和团队，指挥销售团队，聚焦优势产品和目标客户群体，保留住"火种"，找到破局点。

3.1.2　市场选择

做完市场洞察之后，企业就可以清楚地掌握宏观环境和行业的发展情况，通过自身和竞争对手的对比分析，了解和发现客户需求及可能的机会点，从而得到足够多的信息。接下来就是进一步对这些信息进行分析，锁定目标客户画像和具体细分市场。

笔者被派去南非之前，总部机关的领导和同事组织了分析会，先对南非市场进行沙盘剖析，明确要进攻的市场方向。当时是 2010 年，南非人口超过 5000 万，主要集中在约翰内斯堡、开普敦、德班和比勒陀利亚等几个大城市，国内生产总值（Gross Domestic Product，GDP）的贡献也主要来源于这几个主要的大城市，而其他区域多为较原始、落后的地区。南非有三大电信运营商，均是华为的目标客户，其也主要在上述大城市展开竞争和布局。因为南非特殊的地理环境、人口密度和法律法规，移动网络的发展比固定网络更成熟，所以当时当地的用户对 3G 网络的需求很大，同时面临着传输网和城域网的升级，以获得更大的带宽和更灵活的网络控制。三大运营商客户的细分需求虽各有差异，但基本都是这几个需求：基站容量和数量的扩充、城域网和骨干网的升级、固网最后一公里的接入覆盖完善。华为的主要竞争对手是正在和这些运营商合作的厂家：思科、爱立信、NEC 和 Tellabs。此外，老竞争对手中兴通讯也在寻求进入南非市场。有些国际厂商的产品和技术比华为先进，有些则严重滞后，需要更新换代。华为的产品已经有明显的进步，和国际厂商差距不大，并且保持着对国际厂商的价格优势，此外组织能力和团队作战能力一直很强，"铁三角 + 呼唤炮火"的打法让华为在全球各地都被证明具有很强的市场突破能力。因此，华为在运营商方面的机会点就是要满足客户现网升级和扩容的需求，去搬迁现有厂商陈旧的设备。

华为经过上述的市场洞察之后，确定的市场选择就是聚焦三大运营商市场，尤其是约翰内斯堡、开普敦和德班等超级大城市的运营商市场。随后，华为在南非成立了针对三大运营商的系统部，每个系统部派专职的客户经理和解决方案经理组队去跟进。同时，从我国总部和欧美地区不断调遣技术专家和高层领导轮番拜访客户，有针对性地去铺排市场和开展品牌宣传活动，并制定优厚的价格折扣政策等。

对中小企业来说也是一样，把市场洞察中的"五看"工作做扎实了，也就自然而然得出了市场选择的结论。市场洞察是雷描，市场选择是瞄准镜，当做好业务策略和计划后，就需要根据市场选择坚决地投入公司级资源，聚焦在目标市场和目标客户上。不管公司的规模和实力如何，公司资源都是有限的，要将有限的资源瞄准正确的靶心，避免资源使用低效。

3.1.3 制定业务策略和计划

通过市场洞察，看清楚了环境大趋势，进而锁定目标行业和客户群体，进行"战场选择"，即进攻优势市场和价值市场。在投入资源前，先要针对已选择的市场制定业务策略和计划，谋定而后动。业务策略是确定产品线的业务目标（收入、利润和市场份额）和竞争优势，以及为获取这样的业务目标和竞争优势所应该采取的行动。除了制定业务策略以外，还要制订明确的业务计划，使产品线可以抓住市场机会点和实现业务策略里产品线的业务目标。产品解决方案、定价策略、销售渠道、市场宣传、服务支持和订单交付是业务计划要包括的六大要素，制订业务计划要分别说清楚产品线在这六大要素上具体的举措。

（1）客户选择：谁是企业的客户，客户有哪些需求。这决定了资源的投入和倾斜。

（2）价值主张：客户为什么选择企业，企业相比于竞争对手给客户带来的独特价值是什么。

（3）价值获取：如何把企业的产品卖出去，产品的盈利模式是什么，企业依靠什么来吸引客户并获取收入、利润和市场份额。

（4）活动范围：经营活动中企业的角色和范围，做什么，不做什么，哪些交给合作伙伴去做，哪些外包 / 外采。

（5）战略控制点：企业的核心竞争力和战略控制点是什么，客户对企业的认可度如何。

（6）风险管理：有哪些潜在的来自内外部（政策、竞争对手、市场变化和客户干系人调整等）的风险，如何管理和应对这些风险。

企业应针对不同的细分市场，选择具体的目标客户群体，通过市场洞察找到对应的机会点，并明确战略控制点（战略控制点可以理解成一种不易构建的，但也不易被模仿、不易被超越的中长期的竞争力），然后制定业务策略（可以是销售策略、产品策略和竞争策略等）。针对不同细分市场的分析框架如表 3.1 所示。

表 3.1　针对不同细分市场的分析框架

目标细分市场	具体客户选择	机会点	行动策略	战略控制点
行业 A	该行业里的目标客户画像公司 A、B、C……	机会点 A、B	1.××××× 2.×××××	客户关系、技术领先、品牌、成本优势等
行业 B	该行业里的目标客户画像公司 D、E……	机会点 C	1.××××× 2.××××× 3.×××××	客户关系、技术领先、品牌、成本优势等
行业 C	该行业里的目标客户画像公司 F、G、H……	机会点 D、E、F	1.××××× 2.×××××	客户关系、技术领先、品牌、成本优势等

制订业务计划时需要考虑六大要素：产品解决方案、定价策略、销售

渠道、市场宣传、服务支持和订单交付。下面分别介绍针对六大要素需要采取哪些具体行动。

（1）产品解决方案。设计产品解决方案，制定产品包装策略、命名、进行功能和性能说明、制定质量标准和要求、制定技术路径等。

（2）定价策略。明确产品定价和促销计划，包括折扣方案、财务策略、保修策略和总成本分析。

（3）销售渠道。明确主要的细分市场和客户群体、直销和渠道计划，进行销售队伍的组建和发展，评审各渠道的销售效率和预估覆盖率及销售额。

（4）市场宣传。市场宣传包括品牌传播、市场定位、广告宣传策略制定、营销策略和市场计划制定、样板点参观和标杆客户打造等。

（5）服务支持。制定客户服务的等级、制定对客户进行培训的方案、设计技术支持和服务流程等。

（6）订单交付。制定订单交付的计划和策略、工期排期，以及进行物流、库存、供应链和退货管理，撰写工作说明书和确定交付范围等。

3.1.4 执行业务策略和计划

一般来说，市场营销的目标分为三类：一是新客户获取；二是现有商机推进；三是老客户增购。企业要依据不同的市场营销活动目标，匹配对应的营销动作和形式。常见的营销动作和形式包括搜索引擎优化（Search Engine Optimization，SEO）和搜索引擎营销（Search Engine Marketing，SEM）、电子邮件营销（Email Direct Marketing，EDM）、大型现场活动（展会、分享、讲座、沙龙、会议）、行业媒体投放、三方平台赞助、行业白皮书和研究报告发布、行业关键意见领袖（Key Opinion Leader，KOL）宣传、标杆客户站台背书（线下活动、线上直播）、微信宣传推广运营（公众号、微信群和朋友圈）、线上市场活动直播、评奖颁奖、客户个人品牌打造、客户案例打造、样板点参观、展车展示等。

下面分别说明新客户获取、现有商机推进和老客户增购该如何匹配不同的营销动作和形式。

（1）新客户获取最重要的是在目标客户群体里增加品牌曝光度、提高客户的覆盖率、打造品牌的高质量形象。一般会采用 SEO/SEM、EDM、组建 SDR 线索外呼团队加大客户精准覆盖、举办大型市场活动、投放行业媒体广告、借助第三方平台加大传播力度等。早些年，华为的目标客户群体非常集中，就是各国的电信运营商。所以，华为一般会采取参加专业的通信行业展会的方式来接触和覆盖运营商客户，在展会现场对到访的客户进行产品介绍和解决方案演示；也会采取把装载解决方案演示和产品测试设备的展车开到客户处请客户上门体验的方式来精准覆盖客户。

对中小企业来说，参加展会是曝光自己和获取销售线索的好机会，但是要选择有质量和影响力的展会。一旦选择了某场展会，精心准备和打造自家展区的同时，也需要调动销售团队去邀约目标客户参加展会。例如，可以给销售团队下达明确邀约客户的数量、层级和画像等要求，根据目标客户到访情况对销售团队进行考核。利用展会进行一次集中式的客户宣导，通常可以在 1 ～ 2 天高效率地与多家客户集中进行沟通和展示。有些企业还会撰写和发布行业白皮书和调研报告，在公众媒体上发布或者群发推送给目标客户群体，或者借助第三方平台（如各类行业协会和政府平台）来提升曝光度和品牌传播力。

（2）现有商机推进需要做的是建立客户的信任、解决客户的顾虑和疑惑，让客户加深理解企业解决方案的优势，树立企业专业优质的品牌形象，加强客户关系。因此，打造和包装行业标杆客户成功案例、引导客户参观样板点、请已合作的行业知名客户去活动现场或者线上沙龙给自己站台、请行业 KOL 出面背书，这些都可以促进建立客户的信任。借助举办高端行业聚会加深客户关系非常重要。华为擅长的是打造客户参观样板点。先锁定标杆客户项目，如某国移动承载网；中标之后便投入足够资源和重视度，确保该项目交付成功并获得客户的认可；再通过客户关系的深度经营说服客户建立可供华为其他客户参观交流的样板点（移动承载网解决方案的样板点），请样板点客户出面接待进行参观的其他来访客户，通过样板点客户表达对华为的认可来影响其他客户对华为的印象甚至投标决策。华为在全球各地都建立了各类解决方案的样板点（移动承载网、核心骨干网、光传输网等），可以提供给不同地域具有不同需求的客户进行参观，让客户实地看到解决方案交付的成果，让客户听到其他客户说华为的"好"来建立信任。这是一种非常高效的市场营销做法。

（3）老客户增购主要是通过加强客户关系和升级客户服务体验来提升客户满意度的。企业在市场营销活动中能做的事情，是帮助客户打造行业影响力，包括关键客户个人的职业品牌宣传。客户自身也有社交和个人发展的需求，华为会定期组织老客户参加高端精品沙龙活动，帮助客户对接各种资源，并牵线搭桥；请关键客户作为分享嘉宾在大型活动现场或者重要媒体上进行演讲和分享；给客户颁奖等。客户关系的加强和客户服务体验的升级会促进客户个人满意度提升，并促进客户对华为产品和解决方案的进一步持续采购。

3.2　销售力五要素之二：客户关系管理

提到客户关系，很多人想到的就是和客户吃吃喝喝、请客送礼。其实，真正的客户关系远非如此。客户关系是企业和客户之间的信任、互助、双赢的关系。客户关系的核心是"以客户为中心"。优秀的客户关系管理是企业的核心竞争力，也是第一生产力。做好客户关系管理的优势如下。

（1）可以给企业带来更多的利润。通常情况下，优质的产品会给客户带来更大的价值，但产品的价格也会相对高一点。如果没有良好、可信赖的客户关系，客户有可能很难理解并接受企业所呈现的价值，企业就难以获得所期望的利润。

（2）可以实现市场份额的提升。市场份额的提升分为新客户的突破新购和老客户的深耕增购。前者需要客户关系做铺垫，尽快获取新客户的信任；后者需要客户满意度做支撑，做长期、持续的客户关系维护。

（3）可以在竞争中获得优势地位和平稳增长。没有哪个市场是没有竞争的，越激烈的竞争下越需要客户关系做支撑，去实现降低竞争对手的份额或者屏蔽竞争对手进入市场。在外部大环境低迷的情况下，企业会生存艰难，而客户能帮助企业渡过难关并实现逆势上涨。

3.2.1　分层客户关系的建立，客户关系是第一生产力

这几年持续的新冠肺炎疫情和持续下行的经济周期对我国众多企业的发展产生了负面影响，其中多数中小企业受到的影响尤为严重。华为在其发展的历史中也曾遭遇过多重磨难，从 2000 年的 IT 泡沫和"华为冬天"

到近几年在国际市场上遭遇的贸易制裁，证明再强大的企业都会不断遇到经营上的挑战和波折。华为的经验告诉大家，越是危急时刻，越要和客户站在一起。回归正常的商业逻辑本质：客户能帮助企业走出困境，客户能助力企业的生存和发展。因此要以客户为中心，把提升客户关系作为企业的核心要务。那么，什么是客户关系？客户关系是企业为持续达成经营目标，主动与客户建立起的各种联系。在接触了多家不同行业、不同规模的中小企业之后，笔者发现有些企业在客户关系的理解和认知上存在着一些不足。

（1）认为建立和维护良好的客户关系是销售团队的工作，最多加上一支服务团队，与研发团队、生产团队、财务团队、人力资源团队等企业的后端部门没有关系。

（2）认为做客户关系管理的关键是建立和维护关键客户关系，普通级别的客户不需要花心思去维护。或者能接触到什么层级的客户就维护该层级的客户关系，客户关系管理的体系没有建立起来。

（3）客户关系掌握在销售人员手里，公司接触不到关键客户，客户和销售人员个人走得近，反而与企业的关系一般。

（4）客户关系管理只停留在喊口号上，天天喊着"以客户为中心"和"客户关系是第一生产力"，但是并没有把客户关系管理纳入考核体系、纳入企业体系化的内部管理工作中。

以上都是在某些管理成熟度不高的中小企业中非常常见的情况。企业进行客户关系管理可以学习华为的思路。华为提倡和推行的是建立全面客户关系工作体系，建立关键客户关系（高层客户关系）、普遍客户关系和组织客户关系这种立体化的客户关系管理框架，如图3.1所示。关键客户关系是承重墙，掌握核心决策权力；普遍客户关系是地基，作为基础给核心决策提供支持；组织客户关系是顶层设计，在我方组织和客户组织之间建立连接来实现长期合作战略的落地。企业应针对不同层级和不同类别的客户关系，执行差异化的策略。

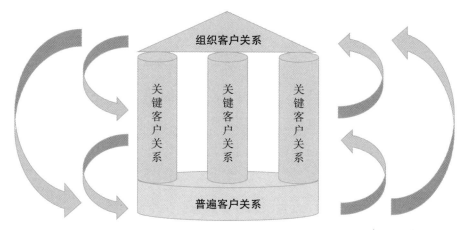

图 3.1 立体化的客户关系管理框架

1. 关键客户关系（Key Customer Relationship，KCP）

（1）定义和作用。

关键客户指的是在项目决策流程和节点中具有较大话语权和决策权的客户，他们通常是公司里的高级管理者，包括各职能部门、业务部门的总经理、主任或总监等，如技术部门负责人或者采购部门负责人。他们的作用显而易见，要么是代表各自部门给出专业的决策建议。例如，首席技术官明确表示哪个供应商的产品性能参数最符合公司需求；采购部门负责人明确表示哪个供应商的报价最具有优势。要么是对招标项目最终决策进行审批和拍板，通常有一票否决权，如公司董事长、总经理对各主管部门的决策建议做最后的审批确认，若有异议，也可能要求各主管部门给出解释并重新决策。

（2）识别方法。

①看职位和级别。通常情况下，管理级别高的客户会是关键客户，但不排除有些项目中资深的技术专家或者与客户一把手有深度信任关系的人也是关键客户。

②看决策流程中的角色。在项目决策链中的高级别客户往往是关键客户，如果不在项目决策链中，即使级别高也不一定是关键客户。例如，客户要采购人力资源管理软件，信息技术部门负责人和人力资源管理部门负责人肯定是关键客户，但是营销部门负责人与该项目无关，不参与决策流程，就肯定不是关键客户。

③看预算从哪里出。掌握项目预算的客户往往是关键客户，谁花钱，谁就有较大的话语权。还是以采购人力资源管理软件为例，有时候是信息技术部门根据预算主持采购，而人力资源管理部门配合采购选型，虽然两个部门的负责人都是关键客户，但信息技术部门负责人更为关键。

④看招标分工安排。谁负责主导标书的拟定和撰写，谁负责制定标书的评分标准，谁就在标书评分中占有较大权重，标书打分结束后，由投标小组成员直接决策，还是由上级领导最终拍板，这些都可以识别出关键客户。

（3）拓展方法。

关键客户是各大供应商密切关注和争夺的客户关系制高点。在这一层客户关系上，每家供应商的重视程度都是非常高的，也会投入大量资源。这类客户身居高位，权力大、能力强、资历深，一般的销售人员在社会地位、资源、阅历、能力等方面与之差距较大，很难与之平等对话，所以在很多中小企业里都是由公司的老板和高管直接对接这个层级的客户。但是从长期来看，随着企业的成长壮大，触达的客户数量越来越多，老板和高管如果还承担"公司大销售"的角色，那么在战略、人才和产品方向上思考的时间会越来越不足。销售人员变成了老板和高管的"小跟班"，不仅越来越没有存在感，对接关键客户的能力也得不到锻炼和提升，会感觉到不被公司信任。长此以往，恶性循环。对接关键客户这件事，华为比任何一家公司都做得大胆、坚决。刚毕业的工科研究生任职客户经理角色，在总部历练一年被派驻海外，华为就会让其直接对接南美或者非洲某国运营商的部门总监甚至 CTO。华为的具体做法如下。

第一，在组织内部定义客户经理是关键客户关系管理的第一责任人。 华为把毕业 1～2 年的当初以客户经理职位招聘进来的优秀员工派往海外，直接对接关键客户，前几次关键客户拜访由主管陪同，后期公司就大胆把这项工作交给这些年轻人。这些年轻人本身有理想、有冲劲，经过主管的帮助和赋能，加上"铁三角 +LTC"的团队协作模式，"地区部重装旅 + 总部研发"的后援支持，客户满意度不会受到影响，反而能取得更好的效果。中小企业的老板和高管也要敢于去信任自己的销售团队，把团队往前推，自己往后站，不要让自己变成公司关键客户关系发展的瓶颈。

第二，招聘和选拔有潜质和基础素质优秀的客户经理。 这样的客户经理综合素质高且学习能力强，即使当前在能力、经验上有所欠缺，但是通过精心培养和历练，也可以快速具备与关键客户对话的能力。大多数公司招聘销售人员往往会看重：有成熟的销售工作经验；有对本公司所处行业的深刻理解；有可以被复用的客户资源和行业人际关系。可以理解多数公司都希望招聘来的人不用过多培养就可以马上出业绩。华为在进行社会招聘招募选拔销售人员的时候，虽然也参考这些标准，但不会将其作为唯一标准。华为比较看重人的价值观和心性，用八个字来形容就是"胸怀大志，一贫如洗"，这类人能吃苦，有冲劲，并且执行力很强。中小企业因为自身品牌影响力不大和预算有限，很难招到既有丰富经验和客户资源，又有高学历、好背景还有坚韧性格的销售人员，但至少要重点考察候选人的潜质、学习能力和基础素质，因为经验和技能是可以培养的。招到并培养出更多优秀的销售人员，组织里能够对接关键客户的人才会更多。

第三，把公司的核心资源聚焦在关键客户及负责对接关键客户的客户经理身上。中小企业资源有限，但也要舍得把公司的核心资源通过客户经理优先投放到关键客户身上。客户经理在关键客户面前拿得出稀缺的优质资源，对高层客户有价值，自然就会建立起平等对话机制。客户经理要学会分析关键客户的需求，判断这是关键客户在工作上的需求还是个人需求。如果关键客户希望通过这个项目建功立业，解决组织难题，控制成本和风险，完成自己的核心 KPI，那么客户经理就要集中公司最好的解决方案专家、技术专家、交付专家甚至公司高层领导等资源来帮助关键客户成功，解决关键客户在项目售前、售中和售后阶段的难题。客户经理还应该具备敏锐捕捉关键客户个人需求的能力，并调动自己身边的资源去尽力帮助关键客户。笔者曾经见过有的客户经理帮助关键客户联系优质的医疗资源来解决关键客户家里老人看病难的问题，也见过有的客户经理帮助关键客户完成工商管理硕士毕业论文的实验数据收集工作，这些动作都可以提升与关键客户之间的信任关系。

第四，用专业、务实和真诚来打动关键客户，持续培育一支高素质客户经理队伍。关键客户的自身素质、能力和经验都胜过普通人，也往往阅人无数，他们对客户经理的要求也会很高，不恰当的销售技巧和粗糙的话术可能会破坏公司在他们心中的印象。市面上传授销售技巧和方法论的图书、课程很多，容易让大家忘记，人与人商业交往的本质其实是专业、务实和真诚。因此，公司有了合适的人才储备和清晰的角色定位，积攒了部分资源，接下来就是去培育和打造一支能够与关键客户对话的客户经理队伍。销售组织要定期做人才盘点工作，从绩效、能力（潜力）和风格层面，盘点出能对接关键客户的客户经理人选，作为重点人员长期培养，甚至由公司高管带教，传道授业解惑；果断淘汰那些价值观有问题，不诚信、不专业的客户经理，尤其是只会靠吃、喝搞关系，不会用逻辑和专业知识去分析思考，不爱学习新东西，也不愿意迭代自己陈旧思想、意识的客户经理。

2. 普遍客户关系（Extensive Relationship，ER）

（1）定义和作用。

普遍客户是指客户公司中和我司业务有关联的所有人员和角色，如工程师、业务人员、采购人员、财务人员、项目经理、项目秘书和文职人员、客户各部门的中基层管理者等。普遍客户往往会在不经意间帮助到我司，如当客户公司有与我司有关的项目需要采纳民主建议的时候，如果能争取到这些普遍客户，就可以获得更多正面的口碑，加大支持的音量。普遍客户不一定可以帮助公司投标成功，但有可能导致公司投标失败。在项目运作的初期阶段，还不能直接接触到关键客户，如果此时能得到他们的认可，他们可以引荐关键客户给我司；当竞标阶段获取的信息量不够全面时，如果已经建立好牢固的普遍客户关系，通过他们可以获得更通畅的沟通渠道和补充信息去做交叉验证，获得决策参考依据。在项目交付阶段，普遍客户是配合项目实施交付的具体执行者，普遍客户关系的质量往往决定着项目交付的顺畅程度。

（2）拓展方法。

华为非常重视普遍客户关系管理，普遍客户往往因其级别较低而被其他厂商所忽视，而华为则派出铁三角组织成员分工去服务和对接这些普遍客户，甚至华为的供应链、财务、合同商务部的员工也要"上战场"，找到对位的普遍客户去做普遍客户关系管理。任正非在"迎接挑战，苦练内功，迎接春天的到来"系列讲话中说道："我们每层每级都贴近客户，分担客户的忧愁，客户就给了我们一票。这一票，那一票，加起来就好多票，最后，即使最关键的一票没投也没有多大影响。当然，我们最关键的一票同样也要搞好关系。"任正非同时在"认识驾驭客观规律，发挥核心团队作用，不断提高人均效益"系列讲话中也提道："我们一再告诫大家，重视普遍客户关系，这也是我们的一个竞争优势。普遍客户关系这个问题，是对所有部门的要求。坚持普遍客户原则就是见谁都好，不要认为对方仅是局方的一个运维工程师就不做维护、介绍产品，这也是一票。一定要加强普遍客户沟通，要把普遍沟通的制度建立起来。沟通不够怎么办？就降职、降薪。做不了沟通的员工要慢慢淘汰掉。有些人是性格问题不能沟通，就转到别的岗位上去。有人说省局见不到，到县局去总可以吧。有人说到县局多花汽油费，我们宁可多花汽油费，也不能停下来，也要沟通。我们建立了到县局沟通的制度，我们一定要执行下去。新员工找不到地方磨枪，就到县局去，他不到县局去，怎么能找到什么地方磨枪啊。研发副总裁的人员名单要报到客户群管理部，客户群管理部要把对他们的考核交到研发干部部。他们每周也要见几次客人，次数由你们定。坚持与客户进行交流，听一听客户的心声，我们就能了解客户好多想法。"任正非这两段话很好地诠释了普遍客户关系的重要性，以及对员工和管理者维护普遍客户的要求。

笔者原来在南非的时候，负责的客户有个小部门有 4 名女员工，她们的工作是做项目助理的工作和一些文职工作。竞争对手的客户经理认为她们层级低、岗位普通，对她们基本是忽视状态。我每次见完客户的高管返回公司前，都会去她们所在的部门打个招呼，简单聊几句，然后保持每隔1～2个月请她们吃一次饭的频次。时间久了，她们感受到了我传递出来的尊重，彼此之间关系处得很好。后来，我发现她们部门掌握着客户公司内部一些项目流程的操作和协调，在几次关键信息的收集和项目流程推动上，她们顺手就帮助我解决了大问题，这其实是一个意外的收获。公司应该培养所有员工具备"全民皆是客户关系责任人"的意识。笔者在南非时的同事，一个代表处的财务经理，有一天跑来告诉我，客户的财务经理过生日，她买了一束鲜花，下午亲自送过去，顺便和客户再确认一下汇率的事情，这就是"普遍客户关系＋全民客户关系"。客户关系管理不是客户经理一个人的事情，公司的各个岗位的人都有责任去维护。

最后，列举一些拓展普遍客户关系的方法。

（1）专业知识交流和行业信息分享。例如，举办大型展会、沙龙研讨会、路演，或者主题演讲活动等，邀请各类普遍客户参加，满足普遍客户学习新知识和建立行业人际关系的诉求。

（2）随手礼和例行问候。可以给普遍客户赠送一些带着公司标志的文化礼品；也可以赠送一些符合规定且非常用心的小礼物，如玩具、书籍、盆栽等；节假日、普遍客户生日和重要时刻要用心编辑微信和短信，发送祝福问候语。

（3）有意义的阳光活动。组织我司人员与普遍客户一起参与体育活动，如足球、篮球比赛；也可以参与符合普遍客户地域特色的体育活动。例如，在南非，高尔夫是平民流行运动，就可以多邀请普遍客户去高尔夫球场挥几杆；邀请普遍客户参加户外登山徒步活动，在秀丽的风景中一起健身来建立友谊。

3. 组织客户关系（Organizational Relationship，OR）

（1）定义和作用。

组织客户关系管理是依靠公司的品牌形象、口碑、产品竞争力、产品价值，以及高标准的服务水平来带给客户强烈的信心和好感，从公司和组织层面与客户的组织层面建立起坚固的信任和长期合作的意愿。组织客户关系是指不依赖任何销售人员或者管理者的个人能力和经验，而是客户公司更认可公司的品牌、产品价值和服务质量，才建立的牢固合作关系。建立组织客户关系会花费较长的时间，需要持续投入大量的资源，但对公司来说这是必须做的事情。组织客户关系也是考验公司与公司之间文化价值观是否契合的因素之一，应该努力培养公司间的文化认同。同时，组织客户关系管理也是和客户发展战略与业务流程进行匹配的过程。

（2）拓展方法。

对核心客户，双方公司的高层领导应该定期召开战略对标会，由我方去理解和分析客户未来 3 ～ 5 年的发展战略、业务重心导向、业务流程和投资领域，然后再来看我方发展战略中的产品解决方案的迭代方向与客户痛点之间有哪些契合之处，甚至哪些发展方向可以为客户做调整。定期组织我方与客户公司层面和领导层面的交流、参观、座谈和互访。

华为建立组织客户关系的一种比较好的方式是和客户集团层面签订战略合作协议，约定合作的大体业务范围、基本商务条款和价格目录，一般期限是 2 ～ 5 年。在这期间可以局部微调合作内容，但是战略合作协议的大体方向和基调不变。

建立组织客户关系还可以与客户联合进行产品研发或者一起开拓某个市场，这就需要客户关系分类对接，我司产研部门与客户产研部门对接，我司市场销售部门和客户的市场销售部门对接，这样形成的组织客户关系就会变得非常牢靠。

4.客户关系分析工具

（1）客户关系鱼骨图。

客户关系鱼骨图主要是分析客户内部决策流程、归类决策组别和决策角色重要性排序的工具。客户关系鱼骨图中间是一根从左向右的中轴线，最右边是目标（中标、赢单或者签约），中轴线上下是几根斜线，代表不同的决策组别，越靠近目标的决策组别拥有越高的权重，每个决策组别内部越靠近中轴线的决策角色越重要。

以图 3.2 为例，最终决策评标组是最具有话语权的决策组别，其中集团首席执行官（Chief Executive Officer，CEO）是最终拍板人；集团商务评标组比集团技术评标组拥有更高的权重，集团的技术和商务评标组分别比分公司的技术和商务评标组拥有更高的权重。通过客户关系鱼骨图，可以找到关键客户，越靠近目标和越靠近中轴线的客户越关键。但客户关系鱼骨图无法直观呈现客户的组织架构和汇报关系，这是它的缺点。

（2）组织权力地图。

组织权力地图用来判断客户公司内部不同层级和角色的人在项目中的权力，以及他们对公司的态度和关系。绘制组织权力地图有三个步骤。

第一步：把客户公司的组织架构和人员角色描绘出来。图 3.3 只是简单的示意图，标准的组织权力地图至少要包括部门、头衔和姓名等基本信息。

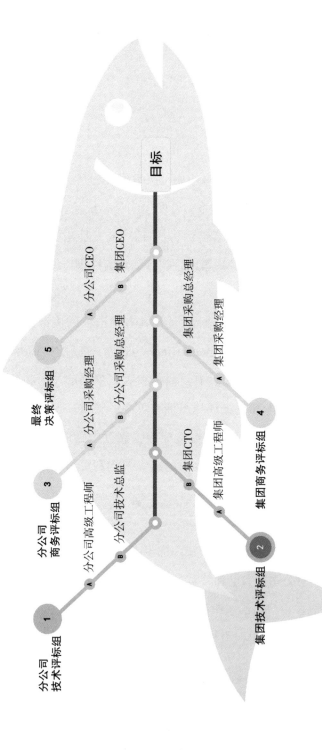

图 3.2　客户关系鱼骨图

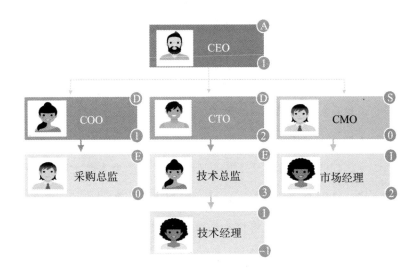

注：A：Approver，批准者。　　　　3：支持。
　　D：Decision Maker，决策者。　　2：支持并排他。
　　S：Decision Supporter，决策支持者。　1：支持不排他。
　　E：Evaluator，评估者。　　　　0：完全中立。
　　I：Influencer，影响者。　　　　-1：反对。

图 3.3　组织权力地图

第二步：在每个角色的右上角标记他的权力。这里分为五个类别。

① A：Approver，批准者。他们是对招标结果、竞争性谈判结果或合同审批的决策意见进行签字审批的人。他们往往是组织里最高级别的领导人，如 CEO。

② D：Decision Maker，决策者。他们拥有决策权，在招标或合同审批过程中要给出决策意见，但不是最终签字的人。他们往往是仅次于 CEO 的高管或者是与该项目有直接关系的部门一把手。

③ S：Decision Supporter，决策支持者。他们的决策权力仅次于决策者，不直接给出决策意见，但为决策者提供意见支撑或按照自己的倾向性投出重要一票。他们往往是旁支部门一把手或者一把手的副手。

④ E: Evaluator，评估者。他们在招标过程中对每家供应商的资质、产品解决方案、服务能力、报价和商务条款进行详细评估。他们往往是各部门的高级员工或者专家，带领团队完成供应商选型过程中的细节评估工作，提交汇报材料给决策者。

⑤ I: Influencer，影响者。他们不直接参与评估和决策，但是也有一定的话语权，不属于以上四类人，但是会影响以上四类人的态度和建议。

第三步：在每个角色的右下角标记他对我司的态度和客户关系。

①编号 3：支持。他们可作为教练，不仅支持我司，还会在关键时刻指导我司怎么做才能赢得订单。

②编号 2：支持并排他。他们只支持我司，觉得我司是他们公司的唯一选择，排斥其他供应商。

③编号 1：支持不排他。他们支持我司，但是也不排斥其他供应商，有时会支持两家以上的供应商。

④编号 0：完全中立。他们没有表示出倾向性，愿意接触所有来访的供应商，并表现出中立的态度。

⑤编号 –1：反对。他们坚定地支持竞争对手，对我司表示排斥和反对。

经过以上三步，就完成了组织权力地图的绘制。通过组织权力地图，公司可以清晰地看出自己在客户的组织架构中客户关系的强势点和薄弱点，从而做出如下复盘和自查的动作。

①在批准者和决策者、决策支持者的关键客户关系是否有优势，如果关键客户的态度多是反对和中立，那么该采取什么动作来改善和挽救？

②评估者和影响者的这层普遍客户关系是否被忽略了，如果不关注他们，可能会导致事情推进不顺畅，也要花精力和方法去维护。

③客户关系在个别部门是否存在有偏向的情况，例如，在 CTO 所管辖的部门这条线上所有的客户关系都不错，但是在另一条线上客户关系从上到下都没有坚定的决策支持者，这会面临赌博的局面，这时该如何横向拓展客户关系？

3.2.2　"铁三角"团队作战模式，ToB 业务最好的作战组合

说到销售团队的作战模式，很多资源和人力有限的中小企业会犯常见的两个错误。

第一，公司把客户关系的责任人指定为单个个体（销售人员）或者单一角色（销售部门）。于是，销售人员要对接客户的各个部门，既要沟通产品和解决方案，又要关注决策链和竞争态势，还要了解交付细节。这要求销售人员什么都要懂、什么都要做，但对大多数人来说，精力、知识储备和技能都是有限的，无法做全能选手。如果销售人员遇到客户提出的问题超出自己的能力范围，无法解答和处理的情况，就会影响客户的感受和信任，影响客户关系。

第二，公司内部存在个人能力很强的"超级英雄式"的销售人员，管理者只欣赏这种销售人员，这种销售人员手握公司最好的资源和最优质的大客户，也确实取得赫赫战功，管理者为了留住他们，不得不用各种方式小心翼翼地对待。这种"超级英雄式"的销售人员多数时候是靠天赋和资源做事，他们的经验和能力很难复制，更难赋能于组织其他人，通俗地说，他们的天赋别人学不会。久而久之，销售团队呈现少数明星销售山头林立，多数普通销售很难成长和存活的局面，公司很难用整个组织来建立体系化的市场开拓和客户服务能力，一旦这些明星销售离职或者出现任何

突发状况，公司就会遭受重大损失，甚至"一夜回到解放前"。

显而易见，公司应该给前线销售团队配置支持部门来协同作战。但有的中小企业也反映，公司配置了其他岗位的人员来支持销售人员的工作，可彼此的配合出现问题，相互抱怨声不断。

来自客户经理（销售人员）的声音。

"客户经理要做的事情太多，不知道哪些该做，哪些不该做，消耗了太多精力，没有时间集中拓展客户。"

"部门壁垒越来越大，支持人员对一线情况不了解，要求客户经理去客户那边收集更多信息，再回来求助，我们要反反复复对不同人沟通同一个信息，而且销售人员在不太懂的专业工作方面经常和客户沟通不清楚，为什么支持部门不自己和客户沟通，这种内部扯皮浪费了很多时间。"

"调动资源困难，解决方案经理和交付经理都是从总部出差到各个城市支持项目，对客户响应的及时性和灵活性不够。等支持人员到现场，已经错过与客户沟通的最佳时机或者客户满意度已经下降；或到达现场后没有充分了解客户情况，也没有与客户充分交流，就着急回总部，支持工作没有做到位。"

来自解决方案经理（售前方案支持人员）的声音。

"客户需求的评估谁来做——我们懂产品和技术方案，但不经常在客户身边，去见客户要等客户经理安排；客户经理经常在客户身边，但传递的需求不清晰，有时候我们双方对客户需求的理解还不一致。"

"客户经理的解决方案能力只能做初次沟通，深入的需求沟通、方案撰写和价值呈现还是要靠我们，但客户经理经常不知道在商机的什么阶段应该让我们介入配合，有的时候过早，有的时候过晚。"

"客户经理对商机价值判断不精准，明明这个商机金额很小或者很简单，也要申请支持，但我们作为资源的一部分是有限的，谁来判断什么商机需要我们，什么商机需要客户经理自己搞定。"

来自交付经理的声音。

"工作压力太大，同时管理多个项目，这些项目还不在同一个地点，各地的客户经理都怪我们在客户现场待的时间短，客户投诉我们，可我们确实分身乏术。"

"客户经理只关注商机的输赢，解决方案经理只关注客户的需求和方案的匹配，在签单前他们不关注交付风险。"

"客户经理和解决方案经理对客户随意许诺，给我们的工作埋下隐患，交付出现问题被埋怨和责怪，交付团队就是'背锅侠'。"

导致以上问题的背后原因如下。

（1）团队各成员之间目标不统一，每个角色只站在自己的立场与其他成员进行博弈，看似是一支团队，实则一盘散沙。

（2）团队各成员之间工作职责不明确，角色定位和工作边界不清晰。客户经理、解决方案经理和交付经理应该分别负责哪些工作，大家各自介入本职工作的时间点又是什么时候，这些都不明确。

（3）一线作战团队并没有被充分授权，还是"强总部、弱一线"的组织形式，所有的资源和授权还在总部，没有让看见"炮火"的人做决策，没有完成客户需求在一线满足的闭环。

华为解决这些问题的方法是成立市场一线作战小组，把特长不同、能力不同和角色不同的人员组合在一起来共同面对客户。小组成员分工协作，同时又横向拉通"一专多能"，彼此熟悉对方的职能而互相补位，弥补对方的不足。大家不再是靠天赋工作，而是"三个臭皮匠，赛过诸葛亮"，靠团队协作和流程来工作。没有天赋的普通客户经理在团队里有其他队友协助和支持，自己只需要靠努力和勤奋，按流程中的节点做好每一个关键动作，就可以逐步成长为优秀客户经理。而且，客户资源牢牢地掌握在团队手里，团队与客户建立扎实的组织客户关系，大大降低了公司的经营风险。华为引入了 CC3（Customer Centric Three）团队概念，就是大家常听到的"铁三角"，由三个角色组成：客户经理（Account Responsible，AR）、解决方案经理（Solution Responsible，SR）和交付经理（Fulfilment Responsible，FR）。铁三角团队是为了切实贯彻客户至上的经营理念，基于客户 / 项目组建的跨部门且聚焦客户需求的一线协同作战单元。铁三角团队是华为与客户的统一接触界面，承担从线索管理到客户回款（Leads To Cash，LTC）的端到端职责，以及提升客户全周期体验和客户满意度、提升公司竞争力、实现企业高效运营及可持续的盈利增长的职责。

铁三角团队的核心成员有客户经理、解决方案经理和交付经理，他们是铁三角团队内部的成员，相互支持，相互协作。铁三角之外的扩展角色成员有产研人员、供应链人员、商务支持人员、市场经理、财务经理、法务经理等，他们联合起来对铁三角提供支持，如图 3.4 所示。

客户经理是铁三角的第一责任人，负责客户关系突破和经营，提升销售工作的盈利性指标，也是铁三角的"一条龙"经理，要管理和串联整个铁三角。解决方案经理是整体解决方案的第一责任人，负责满足客户需求且输出有市场竞争力的解决方案。交付经理是整体服务和交付的第一责任人，负责合同履行和客户满意度提升。铁三角核心成员具体的职责和分工如图 3.5 所示。

图3.4 铁三角核心成员和扩展角色成员

客户经理（AR）	解决方案经理（SR）	交付经理（FR）
• 面向客户的铁三角的"一条龙"经理，也是全项目流程运作的责任主体 • 销售线索发现和机会点挖掘、识别项目风险、制定竞争策略 • 完成盈利性销售，对客户/项目的经营结果负总责 • 制定合同谈判策略，主导合同谈判，负责合同签署和回款 • 做好客户关系规划、客户关系拓展、客户关系管理、客户关系维护等工作	• 整体产品和解决方案的第一责任人，从解决方案角度来帮助客户实现商业成功 • 负责面向客户提供满足客户需求的有竞争力的解决方案 • 制定解决方案策略，保证标书中解决方案的质量，引导客户接受公司方案 • 负责与内部产品和研发团队进行对接，打磨老产品和方案，并提出新产品预算研发需求 • 支持客户经理完成客户关系拓展和维护	• 客户项目整体服务与交付的第一责任人，总体负责合同履行、项目管理和服务交付，对项目交付质量和客户满意度负责 • 在售前阶段进行早期介入，保障合同质量和可交付性 • 负责制定合同执行策略和方案，进行交付风险识别和规避 • 对项目交付经营目标（成本、利润、结算等）负责

图3.5 铁三角核心成员具体的职责和分工

这种组织化团队作战方式，依靠团队力量分工协作来服务客户，大家各司其职，自己做好自己的事情，专业而有专长，分工而有协作，弱化了项目运作成败对个人能力强弱的依赖。这种组织化团队作战方式可以把经验和知识能力沉淀在组织里，因为有一支专业团队来解决和处理客户界面的事情，系统性地为客户提供服务，客户满意度会提升，客户关系也会变得更优质和更牢固。

笔者接触过许多中小企业，它们对建立铁三角的作战团队还是有些疑问。其实，大家不需要生搬硬套，可以根据企业的业务特点、资源和人力布局进行灵活配置。

（1）**铁三角中三个角色的人数配比应该怎么设计？** 在华为，客户经理和解决方案经理的人数配置几乎是 1∶1，主要是因为华为的业务都比较复杂且客单价很高，所以增加了解决方案经理的人数。大家可以根据自己公司的客单价和平均单个商机的复杂度来看，如果公司的业务是以大客户为主，每个商机的客单价很高（过百万元），单个商机的复杂度也很高，意味着成单周期较长（4 个月以上），那么可以大幅增加解决方案经理的人数（例如，1 个解决方案经理支持 2 ～ 3 个客户经理）和适度增加交付经理的人数；如果客单价不高（几十万元甚至几万元），平均单个商机的复杂度也不高（1 ～ 3 个月可以成交），例如，SaaS 业务或者服务型业务，可以适度减少解决方案经理的人数（例如，1 个解决方案经理支持 5 ～ 7 个客户经理）。交付经理的配比人数可以根据需要交付的项目数量和项目大小的不同情况来灵活配置。

（2）**铁三角的成员是否都要放置在分公司属地化？** 建议尽量把客户经理、解决方案经理和交付经理都放在离客户近的地方，离客户近才能更好地服务客户，即建议铁三角成员都放在市场一线的分公司里。但有些企业还处在创业初期，资金和人力都有限，不能立刻在全国各地建立分公司，配置豪华、齐全的一线作战部队。在这种情况下，建议循序渐进地在前线市场配置铁三角成员，这些企业可以先把客户经理放到离客户近的区域（城市），再看哪个区域的业务有起色（线索和机会明显增多）或者判断哪个区域的业务有潜力，选择试点区域适当配置一定比例的解决方案经理，加大对客户经理的支持。一旦出现客户签单，并且机会漏斗里也有其他机会即将推进到签单阶段，立刻就把交付经理也配置到该区域，一边交付现有已签单客户，一边支持客户经理和解决方案经理去签更多订单。这样，铁三角内部不断磨合，铁三角外部与公司其他部门也不断磨合，逐渐形成区域铁三角的系统性运行。一旦区域铁三角运行成熟，就可以根据市场成熟度和业务的起色，将区域铁三角复制到其他区域。

（3）**铁三角成员都是面对客户的，客户经理背负销售额指标，解决方案经理和交付经理要不要也背负销售额指标？** 在华为，解决方案经理是要背负销售额指标的，而且销售额指标还是主要考核指标，解决方案经理基本上就是一个懂产品技术的销售角色。没有强制要求交付经理背负销售额指标，但是要考核他们所交付项目的收入。解决方案经理作为客户经理在售前阶段最亲密的战友，从市场突破的角度来讲，他们应该背负销售额指标，不管方案和标书做得有多好，在客户面前宣讲得有多出彩，最终要看能否拿回订单和合同，以结果为导向。如果解决方案经理不背负销售额指标，他们在配合客户经理打单的时候，就会产生"本位主义"思想，认为只要做好自己的本职工作（需求沟通、方案和标书撰写、宣讲等）就可以了，这个商机能否中标或赢不赢单无所谓。一旦背负销售额指标，解决方案经理和客户经理目标一致，都是以结果为导向，会大大提升赢单的概率。有些公司长期以来没有给解决方案经理设定销售额考核指标，可能是担心突然让他们背负这个指标会导致团队一时无法接受，有抗拒性。可以考虑用考核权重来解决这个问题，让他们背负销售额指标，但是只占他们考核指标的一部分，具体是30%、50%还是70%，可以根据公司的情况来灵活设定。

（4）**铁三角如何组队，内部会存在竞争吗？** 铁三角成员的组队有两种方式：一种是领导指派，客户经理拿到商机后，领导根据客户商机的特点、解决方案经理和交付经理的能力边界，以及他们的工作饱和度等来分配合适的成员进行组队；另一种是自由组队，客户经理拿到符合标准的商机后，自己去找其他队友组队，这种更适合铁三角团队运行成熟的公司。铁三角的内部竞争是存在的，而且会起到优胜劣汰的作用。如果某个解决方案经理或交付经理能力很弱，态度也很差，作为铁三角负责人的客户经理可以拒绝他加入自己的项目团队，并且还有投诉的权力。如果客户经理的能力太弱或者不够努力，他带来的商机往往质量不高，没有解决方案经理愿意支持，因为怕白忙活一场而影响自己的业绩。这些不称职的客户经理会面临调动资源困难的问题。优秀而强势的解决方案经理如果在客户面前表现出色，获得客户的认可，也可能会取代客户经理的位置成为铁三角的核心。笔者在华为南非时期的主管曾经就是解决方案经理出身，不仅技术方案做得好，而且客户关系也经营得很好，客户很信任他，也很欣赏他，客户经理搞不定的客户，他反而可以搞定。铁三角内部的这种良性竞争可以驱逐"劣币"，每个角色都要倒逼自己进步和成长，不断努力获得客户的信任和认可。因为"客户关系是第一生产力""得客户关系者得天下"，进而也就真正实现了"以客户为中心"的原则。

（5）**铁三角团队是最靠近客户的作战单元，其他部门应该如何给予支持？** 铁三角团队是华为与客户的统一接触界面，公司所有部门都应该全力支持铁三角团队，这样才能做到以客户为中心。只有服务好客户，公司才能得以生存。解决方案经理背后应该有总部的产品技术专家的支持，确保产出有竞争力的解决方案和应答标书；交付经理背后应该有供应链和研发技术团队的支持，保障项目交付的顺利进行；客户经理背后应该有总部的高层领导的支持，确保可以在关键时刻进行客户拜访，提升客户关系。发展中企业应该向"强一线、弱总部"的组织架构演进，约定什么级别的事件由一线决定，什么级别的事件再上升至总部决策。随着一线团队成熟度的提升，可以让一线团队有更多的自主决策权，不用事事都请示总部领导。一线铁三角团队的决策效率提升后，给客户提供反馈和响应客户需求的效率就会跟着提升，有助于提高客户满意度。

3.2.3　LTC 的解决方案，可复制的销售流程

在服务客户这件事上，铁三角组织有了团队分工和角色职责，更需要有专业化的"以客户为中心"的工作流程来贯穿从线索到回款的端到端客户服务过程，再好的组织也需要在规范化的流程上才能发挥战斗力。发展中的企业一旦业务规模有了起色，如铁三角团队人数达到几十人甚至几百人，商机数量达到几百个甚至上千个的时候，对应的订单数量就会有上百个。如果没有统一的流程做约束和指导，就会出现销售商机和项目交付的大面积管理混乱、工作效率低下、工作语言和工作计划不同频等现象，出现管理的"熵增"。先进的人员组织形式务必要搭配高效的流程，才能发挥最大的价值。

华为创造了铁三角的组织架构，同时也设计了高效的管理流程，叫作从线索到回款（Leads To Cash，LTC）解决方案。发展中企业设计自己的管理流程之前，可以先学习一下华为的思路。

LTC 包括流程、角色、管理规则、IT 平台，如图 3.6 所示。

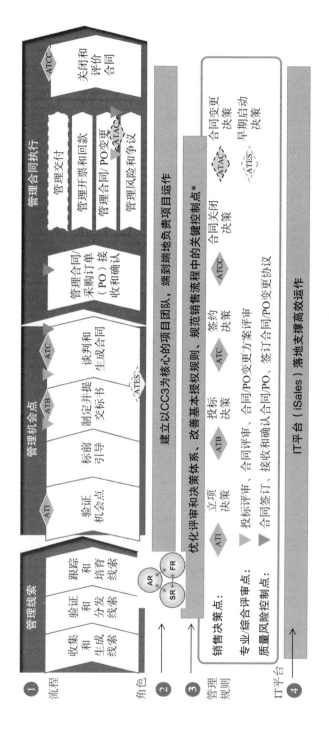

图 3.6 LTC 的流程、角色、管理规则、IT 平台

LTC	Leads to Cash		线索到回款
ML	Manage Lead		管理线索
MO	Manage Opportunity		管理机会点
MCE	Manage Contract Execution		管理合同执行
CC3	Customer Centric 3		以客户为中心的铁三角

ATI	Authorize to Invest	立项决策
ATB	Authorize to Bid	投标决策
ATC	Authorize to Contract	签约决策
ATCC	Authorize to Close Contract	合同关闭决策
ATES	Authorize to Early Start	早期启动决策
ATAC	Authorize to Amend Contract	合同变更决策

（1）流程。从管理线索到管理机会点，再到管理合同执行的整个过程，每个板块里包括细分的流程节点，每个流程节点里安排了铁三角团队和其他部门成员要完成的工作任务。

（2）角色。角色指以铁三角为核心的项目运作团队，包括客户经理、解决方案经理、交付经理、商务支持人员、供应链人员、财务经理和法务经理等人员，在流程节点上按照分工进行协作。

（3）管理规则。管理规则是授权、决策和评审体系，贯穿立项、投标、签约和合同/PO变更这些关键控制点，来规范项目运作的流程。

（4）IT平台。IT平台是让LTC解决方案可以落地执行的工具，可以理解为一个软件集成平台，把流程、角色及管理规则融入其中。

LTC是建立以铁三角为核心的面向客户的运作体系。其核心目标就是让财务（利润、收入、现金流）更健康、让客户更满意、让工作更高效（人效、从线索到回款的周期、交付质量、资源利用率），简化各种评审界面，强化综合授权，支撑决策前移。LTC的IT平台要集成财务系统，不管四算（概算、预算、核算、决算），还是开票触发和合同管理，都在系统中统一完成，"赢单"与"盈利"并重。

在整个流程中，比较重要的几个管理控制点分别是ATI、ATB、ATC和ATCC，分别代表立项决策、投标决策、签约决策和合同关闭决策，管理监控和评审决议就发生在这些控制点上。注意，控制点只在管理机会点和管理合同执行环节上有，管理线索环节在一线实际工作过程中要求并不严格，不做过多限制和管控，因此不设置控制点。铁三角在LTC不同阶段应该完成的工作如表3.2所示。

表 3.2　铁三角在 LTC 不同阶段应该完成的工作

环节	AR	SR	FR
管理线索	• 作为铁三角客户经营负责人，需要组织团队结合市场规划和洞察的结果制定目标客户作战沙盘图，深入分析和摸底目标客户 • 根据目标客户作战沙盘图开发对应的客户联系人 • 针对客户联系人做兴趣激发，生成和培育跟进线索	• 作为铁三角解决方案负责人，需要对所处行业和目标客户进行深入研究，了解客户痛点，对方案与客户商业的契合点提供支持 • 制作和输出兴趣激发工具，辅助 AR 跟进线索	• 作为铁三角内技术和交付专家，与 AR 和 SR 讨论并制定目标客户作战沙盘图，评估目标客户的交付思路和交付风险 • 配合 SR 制作和输出兴趣激发工具，并输出客户成功最佳实践案例
管理机会点	• 梳理和识别客户决策链，建立并经营关键客户关系 • 收集竞争情报，组织项目分析会，带领铁三角团队制定竞争策略，推进机会点进程 • 驱动盈利性销售，制定合同谈判策略，并主导合同谈判，确保赢单	• 精准识别客户需求，并组织团队（铁三角＋总部支持部门）进行可行性研究，制定满足客户需求的解决方案，确保解决方案的质量与竞争力 • 做好方案呈现和宣讲，向对华为有利的方向引导客户的构想，让客户认可方案价值 • 在方案里和标书中预埋差异化竞争优势，打击竞争对手 • 协助 AR 进行关键客户关系和普遍客户关系的建立和维护	• 参与核心环节的售前支持工作，协助 SR 完善解决方案，突出服务的质量和交付的优势 • 组织技术团队在售前阶段进行产品比拼测试，完成高质量的 POC[①]赢得客户信任 • 评估方案的落地可交付性，识别方案风险，制定规避风险的措施 • 协助 AR 进行关键客户关系和普遍客户关系的建立和维护

---

① POC 是 Proof of Concept 的首字母缩写，即概念验证。

（续表）

环节	AR	SR	FR
管理合同执行	• 管理合同和订单报价，确保按照合同约定及时回款 • 及时了解项目交付进度，协调和解决交付团队与客户沟通中的困难，确保项目交付成功 • 项目交付中和交付后，及时跟进客户和维护客户关系，挖掘新商机，增加客户黏性	• 根据前期解决方案和沟通内容，对交付团队组成及资源投入提供建议，并帮助交付团队申请公司资源 • 跟进项目交付进度，确保交付产品和服务符合交付内容、客户需求和合同约定，协助交付团队和客户进行沟通 • 在项目交付过程中发现客户新需求，及时提供解决方案，挖掘新商机	• 总体负责合同执行、项目管理和产品及服务交付，通过交付结果增加客户黏性，是项目交付客户满意度第一责任人 • 与客户沟通实施计划和方案并达成共识，基于方案和合同进行产品与服务交付，按照交付节点提供交付物 • 负责项目交付的进度和质量把控，及时申请和协调交付资源，处理和管控交付风险 • 作为交付产品和服务的责任人，对各项经营目标（收入、利润、人效等）负责，提升效率

LTC流程的精髓是把项目报价配置和财务利润测算集成进来，在合同未签订之前就可以很清楚地了解项目盈利情况，指导铁三角成员进行合理的商务谈判，协助管理层在控制点上做出决策。通过对机会点（商机）重要性等级、合同金额、盈利情况、现金流、客户信用等级和关键商务条款等的审批决策，来提前预知销售项目的收益并采取有效的控制措施，并根据这些维度来及时升级到合适的决策层级，并重"赢"与"盈"，这是企

业从粗放管理到精细化管理的重要标志。同时，通过报价工具软件生成订货预测信息同步到后端销售管理部门，为供应链生产备货和项目交付、安装提前做准备。

实现盈利是公司的头等大事，华为通过系统化和平台化的方式将盈利管理做到流程机制中，虽然在流程推进中牺牲了部分效率，但换来了稳定长足的健康增长。如何实现盈利，如何稳定盈利，又如何通过流程来稳定盈利，从而摆脱人治和感性判断，但又不缺乏面对市场和客户的灵活性，这是需要认真思考、对待的管理要点。发展中企业可以借鉴华为的经验，来设计符合公司业务特点的流程机制和管理控制点。

最后总结一下，LTC 流程变革可以给客户、公司和市场一线团队带来的价值。

（1）给客户带来的价值：让公司在客户面前呈现统一的沟通界面，更全面地理解和服务客户，帮助客户达成商业目标。

（2）给公司带来的价值：提高项目运作效率和管理水平，提升客户满意度，实现可持续和有质量的盈利性增长。

（3）给市场一线团队带来的价值：提升铁三角团队的作战能力，聚焦精力服务客户；让重大决策向一线前移，充分授权，使一线更快地响应客户；构建端到端的销售项目运作流程，打破部门墙，提升铁三角内部之间及铁三角与其他支持部门的协同效率。

3.3 销售力五要素之三：线索管理

做市场规划和营销活动的最终目的是产生出销售线索。销售线索是客户针对某种产品或某项服务的潜在购买意向，有可能会转化成销售商业机会。线索来源有多种渠道。

（1）通过市场营销推广活动增加曝光度来获取客户找上门的线索。

（2）通过销售人员主动接触客户进行需求探索和兴趣激发来获取的线索。

（3）通过客户口碑相传引荐而来的线索等。

线索是机会点（商机）的源头，线索数量不足或者转化率不高则会严重影响商业机会的开拓，进而影响合同订单的产生，因此线索是需要被管理的。管理线索往下说是 LTC 流程的起点，往上说是承接市场规划的流程。LTC 流程中管理线索包括收集和生成线索、验证和分发线索，以及跟踪和培育线索三个阶段，如图 3.7 所示。

图 3.7　LTC 流程：管理线索

3.3.1　收集和生成线索

前面介绍了市场规划的所有步骤和环节，经过市场洞察和市场选择之后，会输出目标客户的画像（客户的行业、规模、发展阶段和类型性质等），进而输出要触达的目标客户短名单。这份短名单建议包含以下字段，如表 3.3 所示。

表 3.3　目标客户短名单示例

客户公司名称	省份	城市	客户所属行业	企业规模	客户联系人	联系人职务	联系人电话	电子邮件	潜在需求
××运营商	四川	成都	通信行业	>10 000 人	路遥	总经理	028-10000000	luyao@126.com	初步预判客户可能有的需求和痛点

　　第一步，先对在名单里的客户进行分析，了解客户的背景概况，如公司业务发展情况、组织架构、人数规模、财报、最近新闻大事等，这是对客户进行大致摸底的过程。对客户了解得越多，对客户理解得越深刻，销售线索的判断就越准确。这一步有点类似市场洞察里的"五看"。

　　第二步，找到客户的关键联系人。华为的客户经理主要依靠中间人转介绍和市场活动的方式认识新的客户对接人，或通过渠道商和代理商找到客户关键联系人。相对于其他发展中企业，华为的客户多是行业头部知名客户，规模和体量更大，如各大运营商、大型央企、银行机构、政府机关、世界五百强企业等。想要接触到这类大客户的关键联系人，往往需要有熟人转介绍，销售人员自己打陌生电话的方式效率会很低。如果要开发的客户是规模在 1000 人以上的中型和大中型企业，可以采用多样化的方式找到他们的关键联系人：社交网站、市场活动、企业黄页、陌生拜访、陌生电话和客户转介等。找关键联系人从来都不是一件容易的事，笔者看过一个视频，背景是华为开拓某非洲国家市场的起步时期，客户经理知道客户的关键联系人是谁，但是一直无法与之建立联系，就和本地员工苦苦守在客户办公区门口，被保安拦着不允许进去。突然看到客户的车辆驶入办公区，该客户经理一边让本地员工拖住保安，一边趁保安不注意自己就冲进客户办公区拦住刚下车的客户，然后抓紧时间递名片和产品介绍资料。在客户诧异又冷淡漠然的反应下，该客户经理被追上来的保安赶走。很多时候，寻找客户的关键联系人需要有耐心，并且抗击打能力很强，同时也需要一些运气。

第三步，激发兴趣和生成线索。首先，要研究一下该客户所在行业或者发展阶段普遍面临的痛点，以及该关键联系人在自己岗位角色上的痛点和挑战是什么。接着，准备激发兴趣的工具和材料。例如，制作精美的产品手册、解决方案PPT、同行业客户成功案例、行业白皮书、高质量的公众号文章等，这些材料可以通过各种客户接触方式传递出去。触达客户的方式也有多种：直接拜访客户，进行技术方案交流；邀约客户参观样板点和展车，筹备多种形式的市场营销活动，如大型现场活动、小范围精品圈层沙龙、在线直播、研讨会和产品发布会等。

通过市场活动激发客户的兴趣并生成和收集线索，是一种直观和普遍的方式。华为在早期拓展海外市场的时候，产品在海外没有强大的品牌效应和知名度，甚至海外的客户从来没有听过华为。因此，不断参加权威的和高质量的IT通信产品展会是一项有效的市场营销活动。笔者在华为的导师就是开拓沙特阿拉伯国家市场的第一号员工，初到这个国家的时候只有他一个人。他做的第一件事就是租一辆车，雇一名熟悉当地文化语言和地域路线的本地员工，然后频繁参加展会曝光华为的产品品牌：本地员工负责开车和语言翻译交流及提供一些生活的便利支持，而他则监督和指挥供应商搭建展台、调试设备的演示环境、准备和背诵现场产品解说的英文材料。在华为，很多外派员工并没有充足的时间提前过语言关，很多情况下都是公司一纸调令就马上出发。展会开始的当天，华为中方员工和本地员工一起发传单招揽客户，与客户交流与沟通，演示产品和解答疑问，并及时索取观展客户的联系方式，观察并判断哪些客户是真正有购买意向和预算的，这些客户就是可以被收集和生成的线索。当时笔者的导师通过展会挖掘线索拿下了沙特石油和沙特麦当劳两家企业网小订单，算是华为打响沙特市场的第一枪。

直到现在，华为也非常重视展会的营销效果。例如，华为对一年一度的通信盛会——巴塞罗那通信展和国际消费类电子产品展览会（CES）等都会精心准备。从1998年开始，华为就开始参加各种国际电信展。起初目的是让海外客户认识到市场上还活跃着一家中国的通信设备厂商。而现在随着华为逐渐成为世界通信巨头，参加展会更多是为了展示自己的实力，从场地面积到展台设计都要做到最好。在2016年的巴塞罗那通信展中，华为拥有了当年展会里最大的展台，共5800平方米，还联合90多家生态合作伙伴一起展示产品方案。从展会的第一天到最后一天，观众热情不减，展位每天都爆满。

展会毕竟是营销推广形式上一种比较被动的方式，等着客户前去参观和交流。华为也会用巡展展车的方式，把主流产品和解决方案集成到一个大集装箱里，用展车把集装箱开到目标客户的家门口，吸引客户走进展车，从而通过图片、文字、视频和实物演示体验等方式，有针对性地向客户传递关键信息。每一位来参观的客户只要留下联系方式，华为都会送出一个印有华为Logo的小礼物，在拉近客户关系的同时获得更多的联系人信息，便于日后收集和生成销售线索。

随着互联网技术的发展，网络营销的方式越来越被广泛使用。在运营商市场上，华为已经独占鳌头且占据很大的市场份额，不需要投入太多资源开展网络营销。采用搜索引擎优化和关键字竞价排名等网络营销手段更多的是华为的企业网和消费者业务，以及最新的云计算业务，如智真会议系统、服务器存储、手机平板无线网卡业务、华为云等。客户通过搜索引擎检索关键字的时候，就会首先看到华为的产品解决方案。

营销手段可以是多元化的，但是这需要企业准备人力、物力和财力等资源。对中小企业而言，收集和生成线索的主要方式还是销售人员主动去拜访客户，通过交流和宣讲来探寻客户需求和痛点，激发客户兴趣。具体做法可以参考 Sales Performance International（SPI）公司的解决方案销售实施流程，华为也参考了这家公司的解决方案销售实施流程。中小企业在LTC 的收集和生成线索阶段，使用这个流程的大致步骤如下。

第一步，做客户规划和研究，这是线索生成前的准备工作，类似前文提到的"五看"，对区域和细分市场做调查研究。对目标客户可以使用客户概况表这个工具，如表 3.4 所示。

表 3.4　×××客户概况表

公司背景： 可以具体描述公司成立时间、涉及行业和业务范围、员工规模、公司发展历程、投融资和 IPO（首次公开募股）情况、组织架构和部门分工、公司最近的大事记和重大新闻等
产品和服务： 介绍客户的主要产品和服务。该产品和服务解决方案的特色、亮点和价值，在市场上的竞争力和优、劣势，该客户有无创新的或者跨领域的新产品或服务的研发计划
市场情况分析： 分析客户在市场中的相关数据，包括不同产品和服务的市场份额、综合年收入和利润、在行业市场中的排名和地位、竞争对手、竞争对手的市场情况等
财务状况： 如果有条件可以获取目标客户的财报或者年报，可以看资产负债表和利润表、盈利情况、股价估值、业绩同比环比情况等

（续表）

竞争对手情况：
罗列客户的主要竞争对手，与客户相比，彼此之间在产品和服务、品牌、组织能力、市场行业及其他方面的优、劣势是怎样的

创始人和核心高管的背景，以及面临的潜在问题：
介绍创始人和核心高管的个人简历、工作背景和履历、过往成绩等。他们在各自岗位上面临哪些可能的挑战和困难，关于这部分，需要去打探、收集客户内部信息。这是比较重要的一部分内容，会形成关键人物表和痛点链，后面会介绍

所需要的潜在能力：
介绍可能帮助客户解决潜在问题的能力，可能是提供某种产品、服务或综合的解决方案

第二步，建立关键人物表和痛点链。俗话说"痛则思变"，业务上的痛点会让客户产生改变的念头，企业需要了解客户的痛点并有针对性地给出能解决客户痛点的方案和产品，才有机会生成销售线索。关键人物表用于罗列客户中的关键人物在他们行业和职位上可能的痛点。针对不同行业建立不同的关键人物表，通常不特指某个客户的情况，而是某个行业普遍的情况。关键人物表示例如表 3.5 所示。

表 3.5　关键人物表

关键人物（职位）	可能的痛点
CEO	1. 收入、利润未达标 2. 股票价格下降 3. 组织效率低下
CTO	1. 无法满足客户对技术和产品的需求 2. 新产品故障率过高 3. 组织中高级别技术人才匮乏
销售副总裁	1. 销售目标很难达成 2. 销售人员成长很慢 3. 市场份额下降
采购总监	1. 原材料采购成本上升 2. 在某种产品上找不到优质供应商

企业内部各部门之间是高度依存的，不同职位的痛点也是相互关联的，一个职位的痛点是导致另一个职位痛点的原因，这会形成一个痛点链。追溯整个痛点在企业的流向，应更关注职位而非人员，人员变化不影响痛点的存在，某一层级的痛点会变成更高级别痛点产生的原因。建立痛点链不是件容易的事，需要两个基本的前提：一是了解客户所在行业，只有这样才能知道可能有什么问题；二是认真调研每个角色的痛点，只有这样才能建立痛点链。

建立客户痛点链的基本做法如下。

（1）确定一个职务头衔，作为机会的切入点。比如采购经理，从他开始建立痛点链。

（2）列出该职务头衔面临的首要问题（痛点）。就是他最关心、最想解决的问题，问题越大越好。

（3）记录引起问题的原因，即解决问题的障碍。当然，这些障碍是企业的产品和方案能够解决的。

（4）确保该问题（痛点）是导致更高层级问题（痛点）的原因。比如，采购经理最大的痛点是价格压不下来，这导致的更高层级问题的原因就是采购成本日益增加，利润逐渐被侵蚀。

（5）想一想"由这个原因引起的后果是什么"，答案就是另一个高层级关键人员面临的问题（痛点）。

（6）想一想"谁应该对这个问题负责"，答案就是另一个高层级关键人员的职务头衔。

（7）重复第（4）项到第（6）项，把痛点链引向另一个关键人员，直至逐渐把框架建立起来。

（8）根据问题的因果联系将这些关键人员链接起来。

通过完成以上工作内容，痛点链建成，如图 3.8 所示。

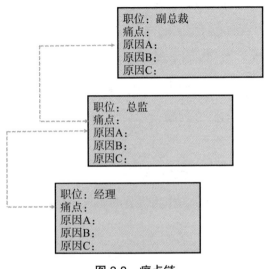

职位：副总裁
痛点：
原因A：
原因B：
原因C：

职位：总监
痛点：
原因A：
原因B：
原因C：

职位：经理
痛点：
原因A：
原因B：
原因C：

图 3.8　痛点链

第三步，寻找联系人并进行兴趣激发，生成销售线索。上文提到了开发联系人的方法和通过市场营销的方式做客户兴趣激发。但中小企业的销售人员需要独立掌握兴趣激发的技能，不能过度依赖市场营销手段或者企业平台资源。中小企业的资源是有限的，平台能力是比较弱的，销售人员多数情况下只能依靠自己。做客户兴趣激发，通常情况下要先准备好兴趣激发的工具材料，如同行或者同类客户的成功案例和业务拓展邮件模板。通过对客户的研究诊断客户的痛点和需求，利用合适的销售工具与客户沟通可能的解决方案，都是在帮助销售人员发现客户线索。

3.3.2　验证和分发线索

上文提到线索的来源有两部分。一部分是靠销售人员主动进行客户拜访，诊断客户的痛点和激发兴趣来产生，这部分线索不涉及分发，谁的客户谁负责。线索的有效性也会在项目推进过程中由铁三角团队去判断和验证。这部分线索具有主动性，是经过销售人员对客户的主动筛选和前期的准备工作（客户概况表、痛点链及兴趣激发工具）而产生的，其质量是有保障的，无效线索也会在销售推进过程中被验证识别而关闭。

另一部分是靠市场营销动作产生的线索：SEO/SEM、EDM、大型现场活动（展会、分享、讲座、沙龙、会议）、行业媒体投放、三方平台赞助、行业白皮书和研究报告发布、行业KOL宣传、标杆客户站台背书（线下活动、线上直播）、微信宣传推广运营（公众号、微信群和朋友圈）、线上市场活动直播、样板点参观、展车展示等。这部分线索具有一定被动性，是客户主动发起联系的，通过官网在线客服、官方电话、电子邮件或者现场索取销售联系方式等形式来咨询感兴趣的产品或服务。由于客户对市场营销活动传递出来的信息理解不同，客户的动机和目的不同（有可能只是询价而非诚意购买），因此也存在一定比例虚假和无效线索（如友商扮演客户索取资料和价格），这时就需要做严格的线索验证。通常情况下，对线索的验证有以下几种方法。

（1）将客户留言系统中的手机联系方式设置为必填项，可以打电话和客户直接沟通，防止客户只留电子邮箱很难取得联系，导致线索验证特别被动。

（2）根据留言客户的信息反查客户所在行业、规模、企业性质等背景信息，以判断该客户是否属于目标画像客户。如果不属于目标画像客户，可能仍会给予客户反馈，但基本可以证实该线索的质量是有问题的。

（3）由专人（可能是SDR，也可能是销售人员）与留言客户主动联系，设置线索验证的问题清单，通过和客户做更深入的沟通、交流并收集客户的反馈信息，来判断该线索的质量。例如，如果有的客户留言索取产品资料和报价，表示对产品感兴趣，但是拒绝透露更多自己的其他信息，如公司背景信息、购买动机、详细需求等，也不接受进一步沟通的邀约（如上门拜访），这可能是一个无效线索。再举个例子，如果一家企业的产品是 SaaS 软件，而客户通过市场活动或者线上直播了解到该企业的产品并有采购意向，但沟通下来发现该客户只能接受本地部署版的软件，那么这也是一个无效线索。除此之外，客户对企业产品有兴趣但是沟通下来发现客户预算不足，也可能导致一个无效线索的产生。

关于线索的分发机制，需要有客户关系管理（Customer Relationship Management，CRM）平台和线索分配的激励体系，不同公司的企业文化和管理导向可能不同，线索分发机制也就不同。有的公司在分发线索时会优先考虑业绩优秀和行为优秀的员工，有的公司则会采取"平均主义"，也有的公司不设具体的线索分发机制，而是直接把分发权力下放给销售管理者，由其自己决定线索分发原则。

3.3.3　跟踪和培育线索

跟踪和培训线索的最终目标是孵化出真正的商业销售机会。线索用于发现客户的需求和潜在的痛点，而机会点则表现为客户承认痛点并有解决痛点的决心、预算和对解决过程的时间预期等。在跟踪和培育线索阶段主要应做好以下几件事。

（1）持续对客户的关键联系人进行痛点诊断和兴趣激发，其实就是重复收集和生成线索环节，保持和增强线索的热度。

（2）不断验证线索的有效性和客户需求的真实性，其实就是重复"验证和分发线索环节中的验证流程，确保资源和时间投入的有效性。

（3）逐步深入经营关键客户关系和普遍客户关系，因为客户关系是第一生产力，也有助于前两个步骤的顺利开展。

📑【案例】华为销售案例故事

当笔者刚被公司派往非洲某国担任客户经理时，分给我一个特殊的运营商客户：（1）之前从未有过任何合作机会，前期华为已经有多位客户经理失望而归；（2）竞争对手"C记"已经和这个运营商客户合作长达 9 年，运营商客户的骨干网都是"C记"的设备，多年来没听到出过什么大问题；（3）运营商客户部门的主要工程师都是拿到"C记"专业资格认证的，是"C记"的粉丝。连公司系统部主任都善意地叮嘱我，可以把精力多放在别的客户身上，这个客户短时间内可能很难有收获。

越是这样，我的好奇心和征服欲望就越是强烈。我决定在完成自己的本职工作和领导布置的核心工作之余，去尝试接触这个客户，看看有没有转机。因为客户部门的员工和管理者都深受竞争对手的影响，我只能从客户刚入职的一名新员工 A（找到内部对接人）入手，去了解更多的信息。A 是一个上进好学、待人温和友善的年轻人，关键是其刚跳槽而来并没有受竞争对手的影响太深。我通过展现友好谦逊的态度，热心赠送技术资料和白皮书，邀请其参加技术沙龙等活动帮助其提升专业能力，从而获取了他的初步信任。在和他的聊天中，我慢慢得知这个客户组织中的关键人物关系和背景，以及少量的现网网络架构布局信息。同时，我也从公开渠道收集这家客户的各种信息（客户规划和研究、客户概况表），进而锁定该客户的关键人物是网络规划部的高级总监 G（找到关键联系人），有比较大的决策权。高级总监 G 40 岁出头，身居高位且专业过硬，年少成名，据说多年前曾是业内最年轻的拥有首席工程师称号的人；家境富裕，有两个女儿，父母健康，家庭幸福美满；其口碑在公司内部也很好，为人正直，做事认真、严谨，有上进心（对客户关键联系人的背景研究）。根据他所在工作职位的职责和他下属所透露的信息，可以推断他其实一直很关注和担忧现网的"C记"设备已经运行长达9年的时间，逐步老化，虽然目前没有出什么问题，但是是否可以支撑该运营商未来3～5年的网络演进是个问号（痛点表、痛点链）。

当时，我判断这个客户身上是有销售线索的，只是入手比较难，需要长期跟踪和培育。为了让客户更多了解华为对应的解决方案和产品，我采取了以下几种做法，同时反复确认自己的方案是否可以解决客户的痛点，以及设想客户的反馈是什么样的（激发兴趣和验证线索）。

于是，我不断把公司的产品手册和打印好的成功案例PPT资料往高级总监G和他的团队的办公桌上放。变着花样传递不同的材料。

邀请客户回国参观华为基地和在华为研发中心进行设备测试，在管理线索阶段这个提议被客户拒绝，在没有与客户建立信任且也没有明确的项目立项之前，客户很难答应。

协调内部专家资源来客户现场进行技术交流。当时在总部，我找到一位在美国入职华为的美籍华人，其是网络技术的资深专家。因其非常丰富的阅历和经验、语言沟通无障碍，以及谦逊的态度让现场技术交流的效果变得很好。

邀请客户参加华为在当地的有含金量的市场活动和参观路演展车，给客户准备一些贴心的带有华为Logo的小礼物，让客户对华为不断加深印象。

经过一段时间的线索跟踪工作，我觉得这个客户的痛点是真实存在的。让客户逐步了解华为解决方案能力的过程也是需要用客户关系经营做润滑和支撑的。建立良好亲密的客户关系，才能获取客户的信任，进而更顺畅地协调客户积极参加华为的技术交流、市场活动和参观路演展车等，那些在兴趣激发过程中传递的差异化构想和价值信息也才能被客户认可和接受。经过内部几次项目分析会和关键人物决策链研讨，华为决定由铁三角成员进行分工合作，联手突破关键客户关系。客户经理（本人）负责高级总监 G 的客户关系，解决方案经理（同事）负责客户部门首席工程师 C 的客户关系，其余部门工程师的客户关系由客户经理和解决方案经理一起负责。由于现在是管理线索阶段，交付经理介入不多，所以没有向交付经理分配明确的客户关系责任。

走入高级总监 G 的内心世界并非易事。工作上他与我们正常交流技术、产品和方案，但是仅限于工作上的来往，其他时候会友善且礼貌地拒绝我赠送的礼物和邀约的饭局。高级总监 G 是英国后裔南非人，有深厚的基督教信仰。虽然我没有任何宗教信仰，但是我对世界各地的宗教发展和历史感兴趣，华为的海外外派工作机会给了我一次了解世界的机会，我一直很想去观摩真正的基督教礼拜是什么样子。于是有次偶然的机会，我和高级总监 G 聊起了基督教的发展历史，讨论了几个我之前看书遇到的疑问，并表示很想去参观真正的礼拜和古老的教堂建筑。很意外的是，高级总监 G 很热情地邀请我周日去 Rosebank 教堂，主动表示可以带我去体验整个基督教礼拜的流程。宗教信仰是一件很严肃的事，为了避免不必要的误会，我还是提前和 G 再三强调只是单纯地去感受和研究一下基督教，并不想加入基督教也没有其他特殊目的，G 很大度地表示理解。

周日当天，G 带着他的妻子和女儿出现在教堂门口，G 和我热情地介绍了其妻女之后，还带我认识了教堂的牧师、教会的朋友并且还见到了 G

的父母。G的母亲讲了很多有关G的事情，我也分享了中国的历史文化趣闻，中西教育的差异是他们最感兴趣的。我在教堂里认识了许多当地的朋友，了解了西方文化和历史知识。而且意外发现教会活动中唱的颂歌居然都是用现代流行歌曲谱曲然后加入基督教特点的词，所有歌曲都非常好听和朗朗上口，还可以锻炼英语。我觉得这个地方真的很棒，于是每个周日不论刮风下雨，我都会去教堂坐坐，和新认识的朋友聊聊天，听听动听的颂歌，当然也会和G的一家相遇，简单聊聊天。为了不打扰他们，我总是坐在角落里，独自静静地享受这一片新鲜的异域文化。

时间过得飞快，一转眼四个多月过去了，周一到周五与G和其部门同事正常交流技术和业务知识，周日在教堂里从不谈论工作，严格遵守公私分离。正是这份淡然、轻松和真诚，让我和G的家人与朋友都建立了比较好的关系，也逐步获得了G的信任。

转机来得很突然。有一天，G主动约见我并告诉我在几个偏远省份的"C记"骨干网路由器和交换机老化严重，今年本不打算更换设备，只是让厂家去做一下维保，但是最近出了几起小事故让他和他的团队疲惫不堪，所以想看看华为对应的解决方案和产品能否对这几个省份的骨干网进行升级优化，顺利承载业务流量。这需要华为先针对客户痛点设计IP Core解决方案并进行呈现，得到客户认可后再去实验室完成模拟测试。同时，客户也会找"C记"来做同样的事情，在实验室模拟测试环节表现较优的设备厂商可以优先考虑去现网做割接测试，如果割接成功，就可以考虑申请预算来采购新设备（客户承认了痛点并有解决痛点的决心、预算和对解决过程的时间预期等）。当然，也需要我们两家供应商在实验室模拟测试之后进行报价，性价比也是选型考虑的核心因素。

毫无疑问，这是一个千载难逢的机会。但这也是一个"无合同启动交付"的特殊项目，存在一定的商务风险。所以，我们一致觉得必须全力以赴。随后，该项目进入管理机会点阶段。该案例在后面章节会继续展开介绍。

3.4　销售力五要素之四：销售机会点管理

通过对客户痛点的诊断和兴趣的激发，对线索进行跟踪和培育之后，客户一旦承认了自己的痛点，并且打算或者已经在内部立项并申请预算，或者向高层进行汇报后达成了初步共识，线索就会逐渐变得清晰和明确，成为一个真正的机会点（商机）。这时，LTC 销售流程就进入了管理机会点阶段，如图 3.9 所示。

图 3.9　LTC 流程：管理机会点

管理机会点是 LTC 的核心流程，分为验证机会点、标前引导、制定并提交标书，以及谈判和生成合同四个部分，同时还包括三个决策点。

（1）立项决策（Authorize to Invest，ATI）：充分分析客户需求，评估产品和解决方案能否满足客户需求，确定机会点价值和定级，结合华为现有资源和能力，进行立项评审和决策。

（2）投标决策（Authorize to Bid，ATB）：收到标书，在各专业部门给出标书评审意见后，销售项目组综合评议，给出是否参与投标的决策。

（3）签约决策（Authorize to Contract，ATC）：在合同签订前，各专业部门根据华为对客户需求的满足能力、合同中的交易条件和商务条款、履约风险、特殊要求等进行综合评审判断，给出专业建议，销售项目组最终决策是否签订销售合同。

3.4.1　验证机会点并进行立项

当线索刚转化为机会点时，企业需要做以下几件事。

（1）将管理线索阶段收集到的市场行业信息、客户背景信息、客户需求和痛点信息、竞争对手信息等做完整梳理，形成该机会点项目信息集，启动销售项目运作管理。

（2）分析机会点是否符合公司经营战略方向，评估其价值，对该销售项目进行分级，并确定资源投入。

（3）进行立项决策，确定项目目标，成立销售项目组及确定人员分工，设置项目章程（项目预算、项目沟通机制——项目分析会、项目里程碑、激励分配方式），正式启动销售项目。

这一阶段最重要的工作是申请立项决策。只有立项申请通过审批，企业才能获取和调动各方面的资源去进攻这个机会点。这一步骤有几个关键点需要明确。

①审批要素。审批要素包括产品和方案对客户痛点的适配度、客户资信和信用等级、潜在的交付风险及是否可以承担这种风险。

②设定项目目标。项目目标要兼顾层次性（战略目标和具体目标）、合理性（挑战目标、保底目标）、可分解性（战略合作目标、客户关系目标、产品和服务品牌目标、竞争目标等）。

③机会点基础信息。要收集足够多的信息，包括机会点背景信息、客户基本信息和关键痛点分析、方案呈现、项目风险分析等。

④项目的等级评定。进行项目等级评定时，应主要对项目规模和体量（预估金额大小）、客户在行业的排名和行业地位的级别、该项目布局的综合意义、竞争格局意义、市场意义、销售方式、解决方案和产品形态等要素进行综合分析并评估定级，对涉及新市场突破、多产品交叉组合销售、新产品突破卡位等项目要素应重点考虑。

⑤项目组成员和结构。华为强调团队作战、分工合作。项目组成员包含但不限于铁三角成员，越大的项目，参与的人应越多。

⑥审批的部门和流程。立项后对项目级别的评定会涉及不同部门和机构的审批，并且审批的流程也会不同。项目级别越高，进行审批的部门级别也越高。

下面是华为的立项决策模板，供大家参考。

＜销售机会点名称＞机会点决策申请报告

注：括号中已指明该项内容的责任人。

一、项目目标——机会点立项目标（项目挂名人 /AR）

1. 目标 1（对该机会点项目目标的描述，不限于战略目标、具体目标、分项目标等）

2. 目标 2（对该机会点项目目标的描述，不限于战略目标、具体目标、分项目标等）

二、机会点概术

（一）机会点背景（AR）

1. 客户名称

2.机会点归属（集团总部集采／集团下属公司采购）

3.购买产品／服务类型（产品／服务）

4.机会点意义（从战略、竞争、产品布局方面描述）

5.机会点规模（建设和采购规模、未来3年的建设和采购计划）

6.客户预算估计

7.合同金额估计

8.主要竞争对手

9.客户信用等级和关键财务状况分析（客户现金流、盈利、资信情况）

10.机会点的里程碑时点（机会点产生时间、立项时间、发标时间、交标时间、开标时间、签约时间、到货时间、初验时间、终验时间）

（二）客户分析（AR）

1.客户背景介绍（股东构成、市场地位、竞争分析，涉及新客户时此部分必须详细填写，如果是老客户，应重点填写新的变化信息）

2.客户现有产品情况（客户现有产品使用情况、现有供应商情况，涉及新客户时此部分必须详细填写，如果是老客户，应重点填写新的变化信息）

3.与我司历史合作情况（历史合同签约、交付，同期还有哪些其他机会点）

4.客户决策链分析（可选）

（三）客户关键问题和竞争分析（AR/SR）

1.客户建设动机及关键问题（从客户关键问题／痛点，关键采购关注点，关键需求如解决方案、交付、分包、商务、融资等方面描述）

2.竞争分析（市场竞争的概述、我司相对竞争对手的主要优势及对方对我司的主要威胁）

三、战略分析——目标与策略（AR）

1. 我司整体目标 / 定位（份额目标、价值区域、产品布局、竞争布局、客户关系、成本控制）

2. 我司总体策略（客户关系策略、竞争策略、解决方案策略、定价策略、交付策略、商务与融资策略）

四、方案介绍（SR/FR/AR）

1. 解决方案（产品和服务整体方案范围，重点描述我司的竞争力）

2. 服务交付（交付方案范围，重点描述我司的竞争力）

3. 融资（融资模式、融资计划，有需要才填写）

五、风险分析（SR/FR/AR）

1. 商务风险（客户信用、外汇、融资、罚款、税收）

2. 解决方案风险（需求、产品 / 服务成熟度、客户化定制、集成 / 网络兼容、知识产权）

3. 交付风险（资源可用性、合同变更、计划和进度、成本控制、产品、技术和服务质量、承诺与沟通、分包采购、环境健康安全、站点准备度、验收、供货物流、开票、维护转移、备件）

4. 其他风险（客户关系风险、国家政治风险、销售渠道风险、合作伙伴风险、代理风险等）

六、决策——决策点及决策意见（项目挂名人、立项审批部门）

1. 审批的项目等级（项目定级的标准：公司级 / 片区级重大项目、地区部级 / 系统部级重大项目、代表处级重点项目和一般项目）

2. 项目组任命建议（确定项目组成员和分工，明确项目组每个成员的工作职责，每项工作要有专属责任人，便于监控成员工作进度、关注分工合作的方式和界面。销售项目组人员结构如图 3.10 所示）

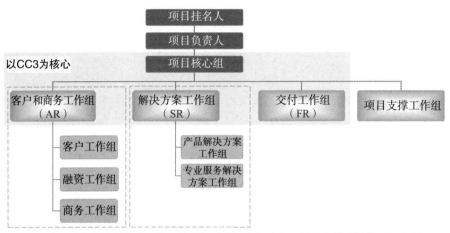

注：CC3中三个角色分别是各工作组的组长（见图中标注），同时也是项目核心组成员。

图 3.10　销售项目组人员结构

3. 关于立项决策的最终结论（是否同意立项）。

在机会点验证阶段，还需要设立项目的沟通机制和确定项目的沟通频次，可通过"两会一表"进行，即项目开工会和项目分析会，以及项目分析会上用的项目分析表。

1. 项目开工会

以下为项目开工会的主要内容。

（1）项目组成员的初步交流。

（2）让大家对项目目标达成共识。

（3）明确分工，彼此工作的配合方式，统一所需要的工具表单格式，制订沟通计划和确定沟通频次。

（4）明确各成员的责、权、利和评价方法与标准，宣导奖金激励方案。

2. 项目分析会

以下为项目分析会的主要内容。

（1）按照固定的周期（每周、每两周或者每月）召集项目组成员复盘和总结过去的工作，查漏补缺。项目分析会要有固定的会议流程和议题。

（2）根据项目进展、客户反馈和竞争对手动作，及时调整和制定新的行动策略。这是销售项目监控和调整的重要手段。

（3）暴露项目中遇到的困难，进行资源申请和求助。

（4）针对销售项目确定下一步行动计划、责任人和截止日期。

3. 项目分析表

项目分析表分为三个部分。

（1）客户信息。客户信息主要包括客户背景信息、历史项目合作概况、当年机会点、决策链描述、决策链接触情况描述、客户沟通 / 拜访活动概况描述和项目风险预警。通过填写这部分信息，复盘和检验一线团队对该客户的了解程度。将客户信息作为开项目分析会的客户信息基础材料，表样如表 3.6 所示。

表 3.6　项目分析表：客户信息

客户背景信息			
信息采集时间		填表人	
客户名称		客户 ID	
客户背景介绍			

（续表）

历史项目合作概况					
合作项目名称（类别）	合作产品	合作金额	合作起止时间	合作伙伴	服务内容与效果

××××年机会点					
计划项目类别	预计合作产品	预计签单金额	计划启动时间	潜在竞争对手	项目负责人（客户职务/姓名）

决策链描述

使用客户关系鱼骨图或者树形图。下图只是举例，不是模板。需对应人员的名字：姓名（职位）。姓名不写简称，括号中写明职位

（续表）

决策链接触情况描述						
联系角色	姓名	性别	年龄	背景描述	人际 / 处世风格	决策偏好
客户沟通 / 拜访活动概况描述						
拜访日期	沟通 / 拜访对象			拜访团队概况	沟通 / 拜访活动描述	客户关注描述点
项目风险预警						
主要描述竞争对手情况、客户人事变动和预算风险						

①客户背景信息：介绍可能会影响到客户采购的客户背景因素，或者针对客户项目的背景介绍，便于了解和判断客户在选择供应商时关注的重点、倾向、目的等。表结构注释如下。

②历史项目合作概况：说明公司和竞争对手与客户历史合作情况，以了解客户历史供应商情况，便于判断。

③××××年机会点：对同一客户，不同的事业部或者不同项目的机会点，需单独列示。

④决策链描述：对本次讨论的项目，描述决策链上的相关重要人员。

⑤决策链接触情况描述：主要描述在客户关系维护或者打单过程中，怎样接触客户和拓展客户更有效。

⑥客户沟通 / 拜访活动概况描述：描述每次客户拜访的日期、拜访对

象、我方团队成员组成、拜访过程和内容及客户关注点。

⑦项目风险预警：说明客户会不会在谈判过程中有人事变动、资金是否落实到位、竞争对手是否会有更有利的武器、项目延期情况等。

（2）团队成员。依据上文提到的项目组成员任命建议，把关键的团队成员列入表 3.7，一般包括项目挂名人、客户关系负责人、解决方案负责人、交付负责人和团队秘书等。其中团队秘书的职责包括做会议纪要、监督相关责任人完成里程碑事件、提醒时间节点和向上级反馈进度风险。

表 3.7 项目分析表：团队成员

角色	姓名	分公司 / 部门	项目对接人员（客户）	负责内容	电话	手机	备注
项目挂名人							
客户关系负责人							
解决方案负责人							
交付负责人							
团队秘书							
……							

注：团队中一定要有的角色包括项目持名人、客户关系负责人、解决方案负责人、交付责任人、团队秘书等。

（3）项目里程碑计划。开会既是为了群策群力，也是为了推动工作进度。每次完成项目分析会之后，要把待办事项（下一步计划）、预计完成时间和负责人员等信息明确下来，形成项目里程碑计划（见表 3.8），由专人跟进项目里程碑计划的完成进度和结果，这才是开会的意义。

表 3.8 项目分析表：项目里程碑计划

序号	沟通日期	待办事项 （下一步计划）	预计完成时间	负责人员	所需资源
1					
2					
3					
4					
5					
6					
7					
8					
9					
10					

填写项目分析表的时机为两个阶段：在开项目分析会之前填写，用来提前准备会议资料和对自己前期工作自查；在项目分析会之后填写，用来对前期信息补充和完善，以及记录下一步动作计划。

由于华为每个项目的金额和规模都很庞大，因此对每个有确定性销售机会的项目都需要做立项申请、成立项目小组，以及严格执行"两会一表"等工作。但是，对大多数发展中的企业而言，销售项目金额不等，可能只有几万元到几十万元，如果项目金额和体量没有达到一定规模，可以兼顾效率，简化以上工作，甚至不做。

在确认了机会点并进行项目立项之后，就需要制定销售项目运作计划和策略。其注意事项如下。

（1）符合 5W2H 原则，即明确做什么（What）、为什么做（Why）、什么时间做（When）、在哪里做（Where）、谁来做（Who）、怎么做（How to Do），以及花多少钱和资源做（How Much）。

（2）制订计划要充分和团队成员（铁三角成员及其他成员）沟通，尽力让团队所有人理解、认同并达成共识。

（3）任务分工要责任明确，确保每一项任务都有专属的负责人。

（4）制订计划最重要的是有可以落地的细节，有执行力去推进计划。

（5）要制定的策略包括产品策略（产品特性优势、技术门槛、组合捆绑、产品迭代计划等）、服务策略（项目工期、实施风险规避、客户满意度保障、交付资源等）、商务策略（报价策略、商务条款、法律风险等）、客户关系策略（关键客户关系策略、普遍客户关系策略）、运作策略（项目会议、项目小组、项目立项流程、激励方案等）、竞争策略（竞争对手的优、劣势，竞争对手负面材料等）等。

3.4.2　标前引导（客户引导），不做盲目投标

标前引导的原意是在客户招标之前，给客户创建有利于公司的差异化构想，引导客户向着有利于公司的产品和解决方案选型方向推进，其本质就是客户引导。即使没有投标的场景或者不需要招投标的项目，在客户选型之前也非常有必要做几轮引导工作。客户引导包括以下几个步骤。

（1）再次明确客户痛点、梳理客户需求。客户引导要以客户痛点为出发点。

（2）结合客户痛点，继续构建和强化有利于公司的差异化构想，并呈现公司产品和解决方案的价值，将客户的注意力吸引到公司优势的参数和产品特性上。

（3）分析竞争对手的优、劣势，推演其可能拿出的解决方案，打探和收集竞争情报，制定打击竞争对手的策略。

（4）强化客户关系，包括强化组织客户关系、关键客户关系和普遍客户关系。客户关系是第一生产力，需要公司全员都参与到客户关系的优化工作中，包含但不限于铁三角成员和各级领导及产研人员。在中小企业中，很多关键客户关系的突破和维护也需要 CEO 或者创始人参与进来。

在实际工作中，需要在这个阶段给客户创建差异化构想，引导客户在采购选型上倾向对公司有利的产品特性和参数。具体来说，需要做大量的技术交流，专家沙龙，展会、展车路演，实验局测试，总部参观和高层交流等工作。标前引导相比于收集和生成线索阶段有所不同：一是标前引导不需要从零开始诊断客户的痛点，只需要进一步明确客户痛点和需求的细节，不遗漏关键信息；二是因为标前引导已经处于明确的机会点阶段，所以交流引导工作要非常有目标性和针对性，要设计好引导策略并按照计划严格执行，不能是宽泛式的兴趣激发；三是销售项目运作的机制要运转起来，策略和计划要统一，使项目分析会例行化，通过项目分析会共享最新进展，监控行动计划执行情况，暴露困难和问题，并集思广益、群策群力去解决。

继续用前面的华为销售案例来解读如何开展机会点验证和客户引导阶段的工作。

📄 【案例】华为销售案例故事（续1）

前面提到和团队短暂讨论后，发现这个项目已经进入管理机会点阶段，这也是华为在该非洲国家首次获得替换强大对手"C记"的机会。虽然涉及项目的金额不大，但项目的意义重大，有敲门砖的作用，一旦撕开"C记"的铁网，就可以不断扩大战果，蚕食竞争对手的领地。因此，不能只是铁三角团队内部来运作这个销售项目，必须走项目立项流程，评定项目级别和申请资源，让更多的人和资源参与进来，获得更多的支持和指导，同时接受公司对项目运作的监控。

鉴于这个项目的战略意义，公司给项目级别评定为片区级重大项目（A类），由总部研发中心的路由器产品线总裁作为项目的支持者，研发大局保障组组长作为后端资源调度者来保障产品测试和割接过程中的工程师专家资源，总部投标办和地区部网络解决方案中心重装旅成员与东南非地区部各级领导和铁三角成员一起构成项目组成员。公司发出项目组任命之后，笔者作为客户工作组的组长，先召集大家召开了**项目启动会**，陈述项目背景和客户关系决策链，同步竞争情报，明确项目分工和所需资源，大家群策群力讨论下一步关键步骤，并形成会议纪要。由项目秘书根据会议纪要追踪每一项工作任务的执行落地，并提前预约大家的时间来形成例行的项目分析会机制。

大家在一起制定了周全的**打单策略和项目计划**。以产品策略为例，产品测试是这个项目的关键环节，为了凸显公司产品优势、强大的研发实力和响应客户需求的及时性，公司计划邀请客户到中国总部的研发中心进行产品测试。在这个环节可以安排如下计划：测试预演、总部专家技术交流、样板点参观、产品特性引导和技术澄清、产品迭代计划制订等。只有产品策略是不够的，还需要制定客户关系策略，客户关系策略包括客户工程部标准流程接待（接机、住宿餐饮交通安排、中国文化交流体验等）、公司参观、高层接待和交流等。

如果把测试设备运到南非来测试，不仅周期长且测试资源保障也远不如总部。总部有丰富的测试设备和强大的研发工程师团队支持测试工作，可以确保测试效果更好。于是，我邀请G和他的团队到中国总部参观考察并完成测试工作。或许之前我们在工作和生活中交流很多，展现了华为的专业和真诚，因此获取了 G 的信任，G 和他的团队沟通后就欣然接受了我的邀请，并指派了 2 名工程师到中国进行产品测试。成功邀请到客户到中国总部参观测试之后，我再次召开了**项目分析会**，邀请一线铁三角所有成员、AR 和 SR 的直线领导、研发大局保障组组长和网络产品线测试部负责人参加会议。会议上形成如下结论。

（1）方案交流。预先拿到客户对此次项目最关心的测试用例，移交测试组进行预测试，提前摸排测试风险。责任人：解决方案经理（SR）。时间：××月××日—××月××日。

（2）网络产品线测试组拿到测试用例后进行预测试，整理出问题清单及建议的解决方案，组织一线讨论。责任人：测试部门负责人。时间：××月××日—××月××日。

（3）协调客户回国接待事项和交流资源，安排客户参观行程，突破关键客户关系。责任人：客户经理（AR）。时间：××月××日—××月××日。

（4）申请研发高层领导座谈交流，研发实验室参观讲解，协调产品专家资源进行测试保障和技术支持。责任人：研发大局保障组组长。时间：××月××日—××月××日。

（5）竞争情报收集。拿到友商"C 记"的测试方案、测试进度、测试效果及进行友商的报价预测。责任人：客户经理（AR）。时间：××月××日—××月××日。

幸好考虑到了预测试这个环节，技术团队提前发现了客户测试用例里有几个产品不能完全满足的特性。这些特性都是"C 记"设备的基础功能，客户长期使用"C 记"的产品，自然会被"C 记"所引导。所以，**客户引导**是一件非常重要的事，如果这个环节不做到位，客户就会被竞争对手引导。经过和研发团队的几次会议，针对这些不能完全满足的特性，短期的应对方案就是马上赶制补丁程序，长期的应对方案就是推动研发团队内部上会，确定产品研发生产规划路线图排期。公司不能只是被动防守，也要主动出击，通过方案引导建议客户增加部分新特性的测试用例，通过价值传递来预埋华为的优势特性。这个阶段其实就是各家发挥所长，较量的过程，看谁对客户的影响更深，看谁可以引导客户到自己最擅长的赛道上去。

带客户回国进行产品测试，地点选在华为北京研究所。白天，研发人员尽职尽责，配合客户进行产品测试，同时也安排了一场研发高层领导接待交流，以表重视。因为有主场优势，又加上北京研究所技术高手云集、资源丰富、底气十足，所以整个测试过程比较顺利，只有2个特性暂时缺失，需要研发排期做开发。在研发团队与客户反复沟通之后，最终确认了交付该特性的时间点，这个时间点也是客户可以接受的。

整个测试过程的结果还是比较理想的：一是测试用例基本测试通过，只遗留2个测试用例对应的特性待开发，但迅速安排了研发规划排期，让客户感觉华为的响应速度很快，真正做到了以客户为中心；二是通过研发高层交流和研发基地参观，在客户面前展示了实力，增进客户的信任；三是整个国内参观的客户接待过程既上档次，又丰富体贴，客户充分体验了中国文化、美食美景，更体会到了华为的真诚和良苦用心。反观"C记"那边的测试，虽然也通过了大多数的测试用例，但是在公司引导客户加入的几个新测试用例（华为有明显性能优势的特性）上表现不如华为。客户要求"C记"也尽量实现这些特性，但"C记"是一家国际化大公司，开发流程冗长繁复，客户经理向总部研发部门提申请却迟迟得不到响应。而华为这边，因为是在研发中心做测试，贴近产品研发的核心团队，所有需求几乎在一周内都可以给出一些初步解决方案和交付时间点的反馈。

在产品测试这个环节上，因为公司有准备（预测试）、有引导（加入有利于华为的新特性测试用例）、有"炮火支持"（回国参观、高层交流、客户关系活动等），树立了华为在客户心中的地位，领先了"C记"一步。

3.4.3　制定并提交标书，分工合作体现团队作战价值

在完成一系列客户引导工作之后，客户也与多家供应商进行了沟通。这个时候，如果是简单项目且规模不大，客户往往会要求供应商提交正式的方案和报价；如果是复杂项目且规模较大，往往要走招标环节，要求供应商提交标书。拿体育竞赛举例，前面阶段是制定战术、研究竞争对手、进行长期的科学训练及进行一些热身赛，现在这个阶段就是上场真正地和竞争对手进行竞赛。

制作和提交标书阶段要做的几件事如下所述。

（1）铁三角团队首先要判断是否应该去响应这次招标，公司的解决方案是否可以满足客户的需求，是否符合公司的产品销售策略，这次招标是否是客户已经内定某家竞争对手而走的一个流程（陪标）。遇到不合适的项目该拒绝就拒绝。

（2）制作标书的过程要项目化运作，也要有仪式感。成立投标小组（铁三角成员、法务和财务经理、总部专家资源和投标办），专门申请一个会议室作为作战室，所有小组成员都在其中办公，便于无时无刻紧密交流。通读标书内容三遍，确保不遗漏任何有价值的信息。

（3）对技术方案和商务方案的撰写，要组织专家资源或者铁三角成员在内部反复研讨，确保突出公司差异化优势，切中客户的需求和痛点，预

埋竞争对手打击点，预留充足时间，反复雕琢方案，凸显专业性。切忌草率拿个标准方案改改就提交，是否用心客户是可以看出来的。这部分主要由铁三角团队里的解决方案经理来主导。

（4）报价策略研讨，打探客户预算范围，确保报价金额可以被客户接受。拿到竞争对手的报价，或者根据过往项目投标时竞争对手的报价结果来推算本次投标项目竞争对手的报价，进而输出具有竞争力的报价。制定报价的过程和结果要注意保密，不能让过多的人知道投标价格，哪怕是内部的同事，甚至需要在提交标书的最后一刻再做好价格页放进去，尽量避免消息泄露。

（5）提交标书过程中要小心严谨，在开标现场注意随机应变。通常情况下，标书都是打印装订好，在规定时间内送到指定地点。提交标书时要注意及时性和准确性，最好由专职人员处理标书的文档校对、打印和装订工作，反复检查、交叉校验。开标现场可能发生任何突发事件，如客户突然发难、客户问刁钻的问题、竞争对手价格跳水、客户再次要求降价等，考验铁三角成员随机应变的能力。

（6）投标后复盘，总结成败得失。无论是否中标，在投标后都应该召集项目组成员开一次项目分析会，复盘整个销售项目运作过程，总结经验与教训，提高后续项目运作的效率和能力。

在制定和提交标书阶段要考虑一些关键的问题，否则会成为竞争对手的陪标对象。

（1）**客户内部有无公司的支持者，是否有内部教练，尤其是具有决策权力的客户是否支持自己。**如果没有支持者或者支持者的权力很小，基本提交方案报价和标书后的成功概率不高。

（2）**客户内部决策链是否清晰，公司是否接触并影响到了决策链上的**

所有客户。如果只接触了某个部门的客户，没有摸清楚客户决策链的全貌，就会遗漏其他客户并忽略其关注点，很可能其会在这个阶段站出来质疑公司。

（3）**竞争情报的收集是否全面和准确**。不知道客户的预算范围，拿不到竞争对手的方案和报价策略，以及推算不出竞争对手的报价范围，公司的报价就会变成一场"赌博"。不同客户的倾向性，也是竞争情报的重要因素。哪些客户支持哪些竞争对手，为什么支持，都要提前搞清楚。在重大项目的投标阶段更要做好防守工作，敏感特殊时期要时刻警惕身边所有人，尽可能减少知晓公司报价的内部人员数量，甚至除了自己谁也不要相信。

（4）**投标文件资料是否准备齐全，投标文档细节是否处理到位**。投标小组连续几天熬夜制作标书疲惫不堪，可能导致发生装订材料缺失或未按要求盖章密封等粗心大意的行为，也可能出现未按截止时间要求及时提交标书而被废标的事故。笔者见过有的投标小组做完厚厚几百页的投标文件而忘记加入价格页，或者只在投标文件上盖了公章，但没有按照招标要求在文件外部盖骑缝章，犯低级错误；也见过有的投标小组因为投标文件字体和字号不规范而被废标的惨痛案例。

如果仅是做个解决方案和提供报价，不用走正式的招投标流程，其实工作量不大。但如果是正式严谨的投标，尤其是超大项目投标，往往对标书的内容要求较高，工作量也较大。大项目投标时需要进行工作分工，否则几乎不可能准时保质、保量地完成。大项目招标时，华为的做法如下。

（1）客户经理（AR）：负责客户关系维护、竞争情报收集、报价策略制定和商务条款确定；进行整个销售项目的运作管理和各种资源的调配；策划和统筹各项工作。客户经理在这个过程中要敢于担责和决策，是投标中的重要角色。

（2）解决方案经理（SR）：是标书中"技术标"的总负责人，组织方案团队进行客户解决方案（技术方案指导书）、技术指标偏离表、各类产品说明书和讲标 PPT 的撰写。

（3）交付经理（FR）：配合解决方案经理完成"技术标"的工作，主要负责交付实施和后期运维方案的制定，包括项目管理、供应链管理、工期进度排期、服务级别协议和服务维保等。

（4）商务经理：负责应答标书里的商务条款，会涉及法务条款和风险、财务和付款条款等。

（5）总部解决方案专家团（重装旅）：支持一线解决方案经理完善"技术标"部分。

（6）总部投标办：在华为，投标办通常负责支持一线解决方案经理应答"技术标"中的技术指标偏离表，需要对产品和方案的技术点掌握得非常细致，是个扣细节的过程。

（7）投标经理：负责标书制作工作的任务分解和标书的首次解读，提前预警标书中的风险点和注意点；同时，在投标过程中把控整体进度，提醒各模块负责人注意分工工作的最后期限，对标书各模块内容进行整合，组织大家反复检查和复核标书，打印和装订标书。

投标项目组成员的工作分工可以灵活安排和分配。越是大的投标项目，需要参与的人越多，分工越细致。如果投标项目不大，投标项目组的成员往往是一人身兼多职。

继续用前面的华为销售案例来解读如何开展制定并提交标书阶段的工作。

📄【案例】华为销售案例故事（续2）

完成产品测试之后，华为的综合得分高于"C记"，按照原来的计划是可以直接去现网进行割接测试的。但是，客户的高级总监G突然告诉我，为了符合公司招采合规的要求，这次他们进行供应商选型要走招投标流程。因此，这场竞争还没有结束。

客户的招标流程很快就启动了，拿到标书后我马上召集人员组成投标小组，人员就从之前立项时成立的项目组里选拔。我申请了一间会议室作为投标作战室，一线的投标小组成员全部在其中工作。在项目分析会上，投标经理把标书模块拆解，分配给不同角色的成员去完成。在会议室里，小组成员每天电话连线中国总部重装旅，以及投标办成员讨论方案和技术细节，不停地写写画画，不断打磨标书文档，忙得热火朝天。而我肯定有更重要的使命，那就是去打探竞争对手的技术方案，同时拿到竞争对手在非洲××国通常会用的产品折扣率。因为产品的目录价是公开透明的，拿到技术方案就可以计算出竞争对手会使用多少台产品及什么型号的产品，再结合折扣率就可以推算出"C记"此次项目预计的报价范围。在此过程中，还要考虑"C记"对待这个项目的心态问题，如果其非常在意这个项目，而且预计目前局势对自己没有绝对优势的情况下，报价就会比往常更低。

要从客户那边拿到"C记"的技术方案不是一件容易的事，在投标敏感时期，客户也会变得谨慎小心，不愿意透露太多，三缄其口。首先，问问题的方式要有技巧，太直接的提问客户不敢回答，要从侧面提问；其次，要多方面、多角度打听，多和客户部门的各个层级、旁支部门的客户，甚至文员秘书岗位的客户聊天，会有意外的收获；最后，客户关系是第一生产力，客户关系到位了，打听信息就不是一件困难的事了。但是客户关系的建立是一个长期的过程，不是现在遇到有求于客户的事情，才开始做客户关系管理，而是在很早之前就要润物细无声地去铺垫、去积累。

"C记"是在相关领域全球排名第一的老牌国际大厂商，产品价格一直高于华为，而且价格灵活性也比不上华为。之前做立项申请的时候，这个项目被评级为较高等级，可以申请更低的价格折扣。更有竞争力的价格折扣率也是一种资源，我向总部申请资源支持，向机关说明这个项目的重要性和历史意义，进而拿到了比较好的折扣率。从全球市场的历史竞争数据来看，一般比"C记"报价低××%获胜的概率就会大很多。这样，报价策略基本就定下来了。为了确保价格的机密性，团队内部约定价格信息只有我和我的领导知晓，其他人暂无权接触价格信息。

同时，我打探到"C记"因为仗着自己是客户近10年的现网供应商，客户部门大多数员工都有"C记"的技术认证，所以其觉得客户不会轻易选择从未使用过的中国供应商产品，他们认为此次设备替换项目和以前一样，只是新设备换掉旧设备这么简单，并没有全方位做好充分准备。

开标当天，整个过程还算顺利。"C记"在招标技术澄清环节，被客户针对其产品弱点、测试结果不理想等问题连续发问，显得有些被动和窘迫。

几天后投标结果出来了，不出意外，华为被客户选为中标的第一选择供应商，安排公司去现网做割接测试，割接成功才能正式进行合同谈判。如果割接反复不成功，客户还有"C记"作为备选供应商，因为现网其他设备都是"C记"的，产品兼容性不会有问题，所以"C记"不存在割接难度的问题。

现网割接测试环节就是交付经理带着技术团队大显身手的时候。我再次召开项目分析会，在会上和研发大局保障组组长达成共识：调动总部研发资源配合一线技术团队完成割接，一线技术团队在客户机房现场做设备配置工作，总部研发团队远程进行在线技术支持和模拟测试。整个割接过程简单来说就是，用华为的新设备替换"C记"的旧设备之后，再与现网中"C记"的其他设备进行对接调试，如果可以对接调通，那么说明割接成功。

当然，"C记"不希望华为可以和其设备对接成功，其在设备里运行了特有的私有协议却不告知，华为运行公有协议的设备是无法对接运行私有协议的"C记"设备的，这险些导致华为割接失败。铁三角团队和总部研发团队反复预演割接风险时发现了这个潜在风险，马上与客户沟通了此事，同时向客户提议建设一个开放性的网络，这是一件非常重要的事。客户表示认同，并立刻要求"C记"把全网设备的通信协议改为公有协议。在一线技术团队、总部研发团队和客户工程师的努力下，某天凌晨四点半，割接终于成功了。经过客户运维部门两周时间的观察，华为网络设备在现网运行平稳，各项参数指标均正常，替换"C记"设备割接成功。客户的高级总监G很满意这个结果，表示项目可以推进到下一步：合同谈判。

3.4.4 谈判和生成合同，准备工作要做足

合同谈判有几个关键步骤。

1.收集客户对此次合作的期望信息

每位客户的期望是不一样的。以华为的客户为例，有的客户希望通过这次网络建设项目在本国率先完成网络升级迭代（如4G升级为5G），领先其他运营商对手；有的客户希望追赶竞争对手，在网络建设的"军备竞

赛"中不落后；有的客户希望通过这次项目开拓新业务、新市场和新业绩增长点；有的客户希望既可以完成网络改造的目标，又不付出太多的成本，很看重低成本方案；等等。明确了客户的期望后，结合自己的目标就可以制定谈判策略。

2. 设定谈判的目标和底线

合同谈判要建立在信任和双赢的基础上，平等对话且相互尊重。设定目标要平衡长期利益和短期利益，不能为了短期利益而损害长期利益。例如，有的销售人员为了快速签单，达成今年的业绩目标，答应客户二期项目大幅度降价，或者赠送设备和服务等，这就会为项目的长期利润带来巨大的风险。坚决避免前人"挖坑"，后人"填坑"。在任正非看来，华为不能单纯追求利润最大化，只需要从客户那里获得必要的利润，保证华为正常运营和发展；设定自己合理的利润目标，更要考虑帮助客户获利，这一点也写进了"华为基本法"。

设定的谈判目标要具有挑战性，在开始谈判的时候要设定一个高于对方预判而对我方有利的目标，牵引谈判的方向和拉升我方的基调。但是目标也要具有一定的浮动性，因为谈判双方都希望可以达成自己的目标，实际情况下是非常难实现的。谈判都会涉及讨价还价的过程，有合作诚意的双方也会调整自己的目标。目标也是需要有底线的，往往谈判不会向着自己设定的最优目标去发展，为了保证自己的利益不被侵蚀，在开始谈判之前，需要设定我方可以接受的底线，即保障我方核心利益的最低要求，这是不能触碰和让步的。遇到客户突破我方谈判底线的情况时，要和客户坦诚解释不能让步的原因，坚持自己的立场，要敢于拒绝客户不合理的要求。有时候也要分辨客户的真实用意，当客户提出突破我方底线目标的要求并施加压力时，有时候并不是期待我方一定能满足他提出的条件，而是在试探我方的底线，希望在高压策略下逼迫我方做出牺牲更多利益的让步。

3. 制定谈判策略和行动计划

首先，要整理出在谈判桌上需要双方沟通的谈判点。这些谈判点往往是最容易和客户产生争议的事项，也是涉及双方最关键利益的事项，如价格和付款方式、汇率、交货方式、交付周期、双方的工作界面划分、服务级别协议等。

其次，分析客户的谈判小组成员，了解客户的谈判战术。要弄清楚客户谈判小组里谁负责谈技术细节，谁负责谈商务条款和价格，谁"唱黑脸"施加高压战术，谁不遵守谈判规则经常打乱谈判流程和节奏。也要对客户的谈判实力和筹码有正确的判断，如果高估了对方的谈判实力和筹码，就会使自己的谈判底线不敢设定得太高；如果低估了对方的谈判实力和筹码，就会出现我方谈判方案完全得不到客户认同而被扫地出局的悲惨结果。

再次，针对每一个谈判点和对客户各类情况的摸底，制定我方最期望达成的解决方案和最不能退让的底线解决方案。例如，我方希望总价最低不得低于 600 万元，但是先用 720 万元和客户沟通，在 680 万元以上成交是最理想的情况。要确保我方谈判小组里的所有成员都对以上方案达成共识。

最后，要设计好我方的谈判战术，明确小组成员在谈判过程中的分工职责，模拟谈判的过程。华为常用"红蓝军对抗"的方式进行模拟谈判，"蓝军"就是模拟演习中竞争对手的角色。通过"红蓝军对抗"模拟谈判过程，预估对方可能的战术和策略，找到视野盲区，便于我方有针对性地制定应对策略。例如，在对方提出一个非常不合理的要求时，我方该怎么做，是继续谈判，迂回寻求各让一步达成一致的效果，还是强硬回绝表现出没有商量的空间，即使谈判破裂也在所不惜。这些情况需要提前设计好应对策略。

4.调整谈判心理和控制谈判节奏

在商务谈判过程中会遇到各种各样的难题，甚至客户刻意刁难，这些都会对谈判小组成员造成很大的心理压力导致其心态失控，使谈判走向对我方不利的一面。导致谈判心理压力过大的原因如下：对客户的分析过少；掌握的谈判信息过少；谈判经验不丰富，又准备不足；自身专业知识储备不够；心里慌张，应变能力不足；业绩目标压力大，导致求胜心切，乱了阵脚等。如何调整谈判心理，使自己变得强大、冷静和思辨敏捷？长期来看，需要在谈判中不断磨炼和反复刻意训练。短期来看，可以通过做足准备、提前不断复盘和预演谈判流程，以及团队联合作战（在团队里配置经验丰富的帮手）来达成。

还有一种调整谈判心理的方法叫作"举证责任"，用在客户提出不合理要求对我方施加压力的时候，可以给自己争取冷静思考的时间。"举证责任"的逻辑是：贵司提出这样的要求，虽然我方认为不合理，但是贵司肯定有充足的理由来支撑自己的要求和条件，那么就请贵司详细列举支撑您的要求的数据、论据和事实。这就是谁主张，谁就举证，某方如果希望自己的主张得到认可，就必须提出充分合理的依据来举证。把举证的责任抛给对方并认真倾听对方的解释，如果对方并没有充足的依据，仅是为了施加压力逼迫我方做出让步，那么这样做就可以把压力抛回给对方；如果对方有充足的依据支撑自己的要求，而且目标也是希望达成一致，那么至少为自己争取了思考和决策的时间。

上述过程其实也是在控制谈判节奏。控制谈判节奏通常要注意几点。一是营造对等和谐的谈判氛围，例如，邀请我方高层加入谈判小组去对位客户的高层。在谈判过程中要做到不卑不亢，用双赢的思维去和客户沟通。销售人员热情、真诚、正能量的沟通风格会带动整个沟通过程的气氛，让客户放松和信任。二是学会提问。巧妙的提问可以获得客户更多的底线信息，也可以试探客户的反应，尽可能提开放式的问题，让客户充分表达自己的想法。三是敢于给客户施加压力，例如，严肃表示谈判再拖下去客户方项目的进度就会延迟，不利于客户成功。四是要在适当时机适度妥协，化解谈判僵局，尽快达成一致。妥协并不意味着放弃原则，一味地让步。明智的妥协是一种适当的交换。为了达成主要的目标，可以在次要的目标上做适当的让步。任正非也在华为干部座谈会上不断强调开放、妥协和灰度，这是华为管理文化的主张。

当谈判陷入僵局，双方都无法退让时，可以采取以下应对方式。

（1）转移话题，聊些轻松温暖的话题，改善谈判的气场和氛围。必要时，可以中场休息一下，大家一起出去喝杯咖啡，甚至出去吃个饭，增进情感，回来继续谈。

（2）策略性地更换谈判人员。谈判中扮演"黑脸"角色的人员可能过于强势，引起客户反感，这个时候，唱"红脸"角色的人员可及时安抚客户情绪，让扮演"黑脸"角色的人员暂时离场，客户会看到我方的诚意，进而继续推进谈判进程。

（3）设置"最后一天"期限。告知客户明天是谈判的最后一天或者某天是最后期限，如果这次谈不成就暂时不谈了，以后再说。这种压迫式的谈判方法是把双刃剑。要先判断客户是否对这次谈判很急迫，例如，着急启动项目，有 KPI 在身，如果是，就可以尝试使用这种方法。如果客户并不急迫，这种方法可能会带来争议和负面作用，要谨慎使用。

继续用前面的华为销售案例来解读如何进行谈判和生成合同阶段的工作。

【案例】华为销售案例故事（续3）

在接到客户进行合同谈判的邀请之后，公司没有放松和乐观。客户有原供应商作为备选供应商，如果谈判失败，原供应商马上可以替代华为。公司马上成立谈判小组，铁三角成员、商务经理、法务经理和财务经理都在里面，也邀请了谈判经验丰富的高级别领导作为专家指导。同时，也特意安排了一名华裔本地员工作为我的谈判助手。华裔本地员工有语言优势，也对当地的风土人情和习俗比较熟悉，可以起到润滑和缓冲的作用。

之前了解到客户对此次合作的期望是希望网络更新升级，用性能更优的设备去更换陈旧的设备，但这只是表面期望。客户内部一直流传着一种声音：在客户的 IP 网络上，"C 记"在独家供应商的位置已经有快十年的时间，从负面的角度来看这也是一种"绑架"，客户希望引入有活力的新"鲶鱼"供应商来实现双供应商策略。两家供应商可以相互竞争，这样对客户是安全也是有利的。公司在做割接测试的时候，发现客户机房里摆满了"C 记"的设备。在公司一番深入研究后发现，"C 记"存在过度售卖的情况，设备上的部分单板根本就没有使用过。这种情况，大概是在建网初期客户经验不足，"C 记"做了方案上的过度引导，无形中给客户带来了没必要的成本。等客户的经验和能力成长起来之后，也会逐渐发现这类问题。我试探性地和客户交流这个话题，虽然客户不愿意多谈论以前的事情，但是可以看出他们对此事是颇有微词的。公司推测解决历史遗留问题，是客户对此次合作的隐性期待。

接下来就是做谈判前的准备工作：梳理谈判点、设定谈判目标和底线、分析客户谈判成员的特点和风格、制定谈判策略、进行两轮谈判模拟预演。在合同谈判过程中，客户对公司的报价没有太大异议，只是提出小幅度降价，整体折扣依旧在公司的底线范围内，所以完全可以接受。这可能是因为华为的报价比起之前"C记"的产品价格来说确实优惠。实际上，公司并没有把价格打得很低，只是拿出了公司在东南非地区的通用折扣水平。首次合作价格谈低了，也不利于保持后续合作的价格水准和利润。但是客户的CTO和采购总监却在付款方式上提出了一个非常苛刻的要求：完成项目的交付和验收之后，才进行付款。这样的付款方式对公司潜在风险很大，公司需要先把设备在工厂里生产包装出来，通过海运或者空运（一般是海运，成本低）运到非洲××国，再清关入库。工程施工队和技术工程师需要奔赴各个站点进行设备安装和调试，经过十几个晚上通宵割接，设备在现网上跑通之后，客户才进行验收并签验收清单，最后完成付款。这就意味着，一旦在最后环节出现客户找各种理由不签验收清单的风险，前面做的所有工作的成本都会巨大到不可想象，这些成本将不得不由华为承担。客户给出的理由是，这是首次与华为合作，不确定华为的服务能力和产品质量如何，不能进行预付款。这样的要求已经突破了公司之前设定的付款方式底线，肯定是无法接受的。但是客户仗着有备选供应商，所以表现得非常强势，导致谈判陷入僵局。

公司提议先暂停谈判，几天后再进行，给双方一些思考的时间。公司紧急和总部领导召开项目分析会，在会上讨论出一个折中方案：客户每验收一个站点，就签一次验收清单，然后支付这个已验收站点的所有设备和软件的款项，而不是等全部项目交付完毕之后再付款。坦白地说，这个折中方案也不怎么折中，没有预付款的付款条件依旧很苛刻。但是公司评估该项目交付难度不大（之前有现网割接测试成功的案例），而且也希望在首次合作上向客户表达诚意和决心，毕竟这是在东南非地区首次搬迁"C记"的设备，属于虎口拔牙，来之不易。

在下次谈判开始前，我提前找了客户的高级总监G沟通此事，我觉得他是希望促成这次合作的，而且我们经过这几个月的沟通磨合，已经建立了深厚的友谊和信任，他也不希望在最后关头功亏一篑。我期待这个方案先得到高级总监G的认可，然后在下次谈判前他们内部先沟通协商一下，并需要他在谈判的当天支持我。不出意料，高级总监G认为华为的折中方案非常有诚意，也能帮助客户降低风险，他答应会帮助我和CTO沟通协调一下，先达成初步共识。在第二次正式谈判上，因为有了高级总监G的疏通和预热，之前的分歧点很快就解决了。双方握手，合作愉快。

3.4.5 机会漏斗管理，业绩增长的关键

机会漏斗是科学反映销售机会状态，以及销售效率的一个重要销售管理模型。华为把机会漏斗分为四个阶段，分别是验证机会点、标前引导、制定并提交标书、谈判和生成合同。对机会漏斗的阶段划分、命名和定义，发展中企业可以根据自己公司的业务特点进行设计。

当线索被转化成机会点（商机）之后，机会点会从验证阶段一步一步推进到签约阶段，但在推进的过程中不是所有机会点都能走到合同签约阶段，机会点在途经每个阶段时可能会出现折损。有的机会点被反复验证之后，发现客户采购预算被其董事长取消了；有的机会点在跟进的过程中，

发现竞争对手早早介入，做了很深的方案引导工作，公司无法挽回局面；有的机会点在投标时，发现价格比竞争对手高出了许多，导致未中标……这些都可能造成机会点的折损。因此，机会漏斗可以看成倒金字塔形状，如果希望在规定的考核周期里签约的合同越多，金额越大，即业绩增长越明显，机会点（商机）的数量、质量、转化速度和规模就成了关键的四要素，如图 3.11 所示。

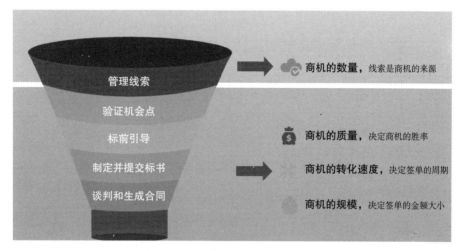

图 3.11　机会漏斗和关键四要素

通过机会漏斗管理实现业绩增长的四要素应该有的管理动作和注意事项如表 3.9 所示。

表 3.9　机会漏斗四要素的管理动作和注意事项

关键要素	管理动作	注意事项
商机的数量	1. 管理销售行为，增加覆盖新客户的数量，挖掘更多线索 2. 提升团队销售能力，提升诊断痛点、激发兴趣的能力，更好地推动客户立项和申请预算 3. 给团队和个人设置新增商机数量的要求，并同时明确新增商机的标准，定期检查结果	管理应该提前设置好新增商机的标准，定期检查新增商机是否符合标准，防止出现新增过多假商机造成的虚假繁荣

（续表）

关键要素	管理动作	注意事项
商机的质量	1. 检查销售人员的商机是否被准确定义了阶段 2. 检查销售人员在商机上的动作、进展和客户反馈是否被及时记录 3. 检查销售人员接触到了哪个层级的客户，以及客户是否认可了自己的痛点 4. 检查销售人员接触到了哪个层级的客户，以及客户是否认可了公司的差异化解决方案和价值 5. 检查销售人员接触到了哪个层级的客户，以及客户对公司的倾向性 6. 检查销售人员是否完成了商机推进的标准动作	销售人员只会做管理者要检查的事情，而不是管理者期望的事情，因此，定期对销售人员的商机进行复盘和检查是管理者对销售人员进行赋能和确保商机质量的必要动作
商机的转化速度	1. 加强销售人员能力的培养，经验丰富的销售人员推进商机转化的速度更快 2. 管理者加强对销售过程的管控和赋能，帮助销售人员推进商机转化 3. 加强对优质商机的资源投入 4. 找到有明确需求且急迫的客户，触达客户高层更关键 5. 关注商机在每个阶段停留的时间，对于过慢或停滞的商机，要单独进行分析和辅导销售	需要统计出公司的商机从建立到签约的平均时间，并将其作为参照标准，并观察这个标准的变化
商机的规模	1. 判断和识别符合画像的高价值客户和预算充足的客户，对其投入精力和资源 2. 提升销售人员的能力，挖掘高价值客户的多重痛点和需求，寻找公司可以匹配的所有解决方案 3. 回归商业本质，帮助客户创造更多价值	同时关注商机数量和商机规模，它们共同决定机会漏斗的大小

综上所述，管理机会漏斗的抓手是管理商机的数量、质量、转化速度和规模，形成健康充盈的机会漏斗是弥补业绩差距、实现利润增长的保障。同时，机会漏斗也可以用来做销售预测。

（1）可以从机会漏斗里找出当月可以签约或回款的商机（订单）作为当月销售预测的依据。销售管理成熟度较高的公司一般会滚动预测未来三个月的销售业绩达成情况。

（2）销售预测和目标之间有缺口，就从机会漏斗里去找可以填补这个缺口的商机，并快速推进到签约阶段。一旦实际数小于预测数，就要有找其他商机去弥补的意识。

（3）销售预测是一件严肃的事，体现销售团队和个人对公司的承诺及目标达成的决心，要抱着使命必达的心态去达成销售预测。

（4）销售预测过于保守（隐藏销售项目、不敢承诺）和过于浮夸（说到但做不到），都不是好现象。敢于根据实际情况合理提报有挑战的预测并说到做到，才是优秀销售团队和销售人员该有的本色和勇气。

（5）销售预测不仅是对业绩结果达成（赢单）的承诺，更是对业绩结果达成时间的承诺。"这个商机本月提报了可以签约的预测，但是因为××原因预测无法达成，但是这个项目肯定是我们的，下个月一定签"这样的解释是无法被接受的，团队不能养成给自己留余地和找借口的习惯。

（6）发展中企业应该重点考察销售人员和销售管理者提报的预测（按月或者按季度）并实际达成的准确度情况，必要时，可将销售预测准确度和业绩目标达成率一起纳入销售管理者的考核中。

3.5　销售力五要素之五：合同执行管理

合同执行是 LTC 流程的最后一个环节，通常包括项目实施交付和客户运维服务。项目实施交付是指产品的生产、运输、清关、库存、安装、测试和调通。客户运维服务，有的行业叫客户成功服务，是指在设备安装调试完毕后交给客户使用，在使用过程中对客户进行培训指导、问题响应和处理、性能优化、升级迭代等售后服务。只完成合同签订不一定可以收到全部款项，要把合同内容进行高质量的交付，提供客户满意度高的服务才能得到客户的认可，进而顺利收到全部款项。2004 年，任正非在"华为公司的核心价值观"中说道："华为的生存本身是靠满足客户需求、提供客户所需的产品和服务并获得合理的回报来支撑的；员工是要给工资的，股东是要给回报的。天底下唯一给华为钱的，只有客户。我们不为客户服务，还能为谁服务？客户是我们生存的唯一理由！"

管理合同执行阶段分为几个步骤，如图 3.12 所示。

图 3.12　LTC 流程：管理合同执行

1. 管理合同 /PO 接收和确认

客户经理要先推动双方顺利走完合同签订流程，然后由客户发出 PO，公司接收并确认 PO 里的内容。解决方案经理核对客户 PO 里的条目，确保每一套产品不存在配置错误和遗漏部件。核对完毕后，解决方案经理在内部系统里录入 PO 里的产品配置和部件，总部接收到信息后开始生产备货。这一环节很重要，如果客户下错 PO（设备配置清单里的某些部件错误或者缺失）而解决方案经理又没有仔细核对，就会导致生产备货错误，发给客户的设备不符合客户建网方案要求而无法安装使用。一般发现这种事故的时候，通常已经至少消耗了 1 ～ 2 个月时间（实施内部流程、生产包装、运输、清关、入库），不管重新调整备货和发货多快，客户项目的进度必定会延迟，严重的可能会影响客户商业计划的开展。因为通信产品的部件配置非常复杂，解决方案经理工作稍微马虎一点，就会给客户和公司造成巨大的成本损失，所以这个阶段解决方案经理的压力是非常大的。

2. 管理交付

交付经理负责设备的运输、清关和入库，然后组织承包方下站点安装设备。此时工期进度的把控是很关键的，考验的是交付经理的工程管理经验：安装进度太慢，会影响客户的建网要求和商业目标；安装进度太快，可能难以保障工程质量，而负责产品调测、割接和开通的技术团队也可能跟不上过快的进度，导致大量站点被安装但无法开通上线，这也是没意义的。设备运输和安装要关注工程施工的进度和质量，而设备的调测和开通则过度依赖工程师团队的技术能力。通信产品设备比较复杂，在项目交付中会涉及各种类型的产品对接，尤其还会涉及和友商设备进行对接。如果没有足够多经验丰富和技术实力扎实的资深工程师来支持，也可能会搞砸项目交付，招致客户投诉。

3. 管理开票和回款

在项目交付达到合同约定的节点和标准时，客户会对项目进行验收，验收完毕后会在验收清单上签字。这时，交付经理会通知财务进行开票，再由客户经理递交发票给客户并盯催回款进度。客户经理在这个阶段会遇到形形色色、不同角色的客户，他们可能会提出各种意想不到的要求，非常考验客户经理的应变能力和客户关系管理能力。

4. 管理合同 /PO 变更

客户经理和解决方案经理最不愿意遇到的就是合同 /PO 变更，因为会涉及大量额外工作和成本（时间或金钱）。有时候是客户主动更改需求，如改变产品配置，公司需要配合做合同 /PO 变更，这时客户往往愿意承担多余的成本。有时候是公司工作失误，导致合同 /PO 变更，如错误上传产品配置清单导致发货错误，这种情况可能会导致设备原地报废、重新生产发货和退换货等损耗成本的工作，也可能造成项目交付进度延误，影响客户的商业目标，给客户造成巨大损失。因此，华为很多地区部和代表处会严控合同 /PO 变更的审批，对于公司原因造成的变更，会对当事人进行严肃处罚。

5. 管理风险和争议

在合同执行和交付过程中会遇到各种意外状况，如上述所说的合同 /PO 变更就是一个典型的风险。其他典型的风险和争议还有：竞争对手的袭扰、供应商断供、客户决策层换人、政局动荡和战乱、自然灾害（地震、海啸、泥石流、恶劣天气等），以及一切突发的、意料之外的或者潜在的特殊异常状况。面对这些风险，企业能做的只有做好预案和准备工作，提前缜密规划安排，经常对交付工作进行复盘和预测。最重要的是，时刻牢记和贯彻"以客户为中心"的核心价值观。无论面对怎样的风险，华为的铁三角团队和客户服务团队都不会后退，会陪着客户解决难题，坚守在一线，按照工期要求完成交付任务，这才是真正做到"以客户为中心"。

6. 关闭和评价合同

项目交付结项并完成所有款项的回款后，就可以关闭合同。为了更好地改进销售与交付流程，总结经验与教训，建议从 LTC 端到端流程入手，组织项目组成员对管理线索、管理机会点和管理合同执行全流程节点进行详细复盘。简单来说，大家可以思考一下，如果重新运作这个销售项目会有哪些不一样的计划和行动。关闭和评价合同阶段不一定是 LTC 流程的结束，相反这可能是一个新 LTC 流程的开始。当项目顺利结项，得到客户的认可之后，客户可能会告诉公司新的需求或者为公司推荐其他客户，新的LTC 流程又将开始。最后，不要忘记在立项之初对团队设置的激励奖金要尽快兑现。

为客户服务不仅是前线部门和铁三角团队的事情，更是公司全员的事情。不管来自哪个部门，每一位员工都要有这样的意识：只要这是客户的事情和需求，就要当成自己的事情，作为自己重要的本职工作。公司的管理干部更要经常拜访客户，倾听客户的抱怨和建议，不能只坐在办公室里听下级汇报。服务做好了，客户的满意度才能提升，客户才会把新的需求继续交给公司做，还会为公司推荐其他客户。因此，在合同执行阶段也有挖掘新销售线索的机会。服务是公司利润的保障，服务不仅是 LTC 流程的最后一个环节，也可能是新 LTC 流程的开始。这里继续使用前面的华为销售案例来讲解，让大家可以更好地理解"以客户为中心"的服务意识。

📄【案例】华为销售案例故事（续4）

合同签订后，设备运到了当地，工程队开始进站点安装设备。这里要说的是，在华为，解决方案经理每个月都会做供货预测，销售管理部和供应链部门会同步做备货计划。这样就可以节约部分生产时间，在客户需要的时候直接发货。这个项目涉及的站点不多，而且客户的站点都是成熟站点，准备度足够，因此在设备安装这个环节十分顺利。这个项目的挑战在于技术团队的每一次站点割接，通俗来说，就是换掉现网运行的"C记"旧设备，用最短的时间换上华为的设备，并和现网其他的"C记"设备进行对接、调试并跑通业务。这个过程耗时越短，客户网络承担的风险就越小，因为一旦发生事故，就可能会出现大面积断网，导致语音业务和数据业务中断。

部门领导反复提醒我，在合同交付阶段，客户经理要投入的精力更多，客户经理要为客户的商业成功端到端负责，不能签下单子就做甩手掌柜，认为接下来是服务团队的事情与自己无关。在这个阶段，交付经理虽然是主角，但是客户经理是项目的第一责任人。我感觉管理重大项目的交付比打单的过程还忙碌和焦虑。在割接前，一线铁三角成员和总部研发团队要反复开会论证割接的脚本，在实验室里模拟测试，以便预先发现技术风险。为了更好地服务客户并做资源协调，我主动要求陪同工程师团队去站点进行割接。非洲××国交通不是特别发达，华为替换的站点又比较偏远，通常需要6～10个小时才能到达。

非洲大陆美丽又神秘，一路上可以看见山川、河流、草原、森林，夕阳余晖下羚羊、斑马从高速路上横穿跑过。前半个小时明亮的蓝天下还浮着低低矮矮的云朵，后半个小时倾盆大雨就来了。如果赶上开夜路，昏昏沉沉在车里醒来，会被满天繁星和浩瀚的银河惊艳到毫无困意。一想到这是在东南非大陆上第一次替换"C记"的骨干网项目，我的心情就无比激动。路上的美景大大鼓舞了我们团队割接必胜的决心。出发前，铁三角团队就提前协调了中国总部研发团队进行远程割接技术保障和支持。在站点里，工程师团队一边调试设备，一边和客户的现场工程师进行交流。割接都是在半夜进行，所以我的任务是做好后勤保障工作，遇到问题就随时连线国内的研发团队。

准备充足，再加上调配过来的技术工程师经验丰富，几个站点的割接过程还是比较顺利的。就在一切即将大功告成的时候，客户位于西北部某省的网络突然中断，导致全省移动用户手机断网时间长达23分钟。客户虽然紧急启动备用链路很快恢复了通信，但也遭受了一定的经济损失和收到大量客户投诉。那个省份并没有使用华为设备，当天华为也没有任何操作割接的动作，初步判断应该不是华为的问题。为了避免事故的再次发生和践行"以客户为中心"的服务理念，公司的工程师在半夜得知这个消息后，第一时间从床上爬起来到客户办公室集合，和客户的运维部门开会排查网络故障。不幸的是，故障的原因迟迟未能定位，来自客户高层的压力越来越大，客户和我们团队都开始有些焦躁。运维部门从一开始就反对华为替换"C记"设备，其资深运维工程师K开始挑战华为，妄图把网络故障的原因归罪到华为身上，仓促找到"替罪羊"。对于这样的结果，我们团队是不能接受的，于是我们耐心和K沟通。K可能承担了太大的压力，恼羞成怒，失去理智，甚至说出一些不太文明的话。可以理解客户的激动和失控，我们也要继续耐心帮助客户寻找网络故障原因，不卑不亢，展现华为服务团队的职业化和"以客户为中心"的服务理念。这个时候也非常感谢高级总监G在客户高层会议上表达了对华为的支持，坚持一切从真相出发。客户高层质疑是否是华为替换项目导致断网，G明确表示故障原因没有找到之前，不能把责任推给华为，而且事发当时，华为是第一个挺身而出，冲到客户身边帮助排查问题的供应商，响应非常及时。

经过公司和客户30多个小时的连续工作，故障原因终于找到了。这次故障是客户运维部门的某个工程师一次不起眼的误操作导致的。解决方案不难，只要关闭一些脚本操作权限就可以避免事故的再次发生。在我们团队离开客户办公室前，客户运维工程师 K 走到我们面前，主动伸出手和我们握手道歉。他说："之前是我冲动，错怪你们了，我向你们道歉。华为第一时间帮助客户解决问题，非常职业化，非常有耐心，你们为客户服务的精神让我很欣赏。我也很内疚，希望你们不要介意我的失礼，咱们双方以后好好配合。"听完这番话，我看到我方工程师团队的每个人脸上都闪过欣慰和感动的表情，被客户认可是对我方团队最好的鼓励，让我们有满满的成就感。

第四章

组织力就是执行力，
是企业内部活力之源

4.1 组织能力建设的四大管理重点

华为组织能力建设伴随着业务的发展，在三十年的时间内走出了自己的特色，并且成了华为商业成功与持续发展的关键驱动因素。华为的组织能力建设也是发展中企业需要重点对标学习的内容。

从企业发展来看，组织能力建设随着组织的演化（业务形态演变）而产生相应的转变，趋势是更加贴近业务、组织、战略及更高层面的基于组织的人力资本管理。在这个理念驱动下，华为组织能力建设逐渐形成了四大管理重点，分别是组织运营、人才、激励和氛围的管理，如图4.1所示。

华为组织能力建设经过多年的实践，围绕创造价值、评价价值、分配价值，对不同区域、不同对象、不同的产品线进行以组织激活为原则的管理。华为组织能力建设的具体做法如下。

（1）全力创造价值。全力创造价值对应的是业务策略及组织能力（组织与人才）。这个层面体现的是人力资源管理对公司战略与业务的理解。基于"以客户为中心"的管理理念，实施"技术创新＋客户需求"双轮驱动，洞悉产业与业务发展的方向，构建产业竞争力与控制力。在这个过程中，公司应避免组织设计的内耗，应根据不同业务形态，差异化组织队形与运作管理，提高组织敏捷性和运作效率，激发管理者与专家人才的奋斗精神，构筑职业化的发展平台，充分发挥组织各级人员的创造性。

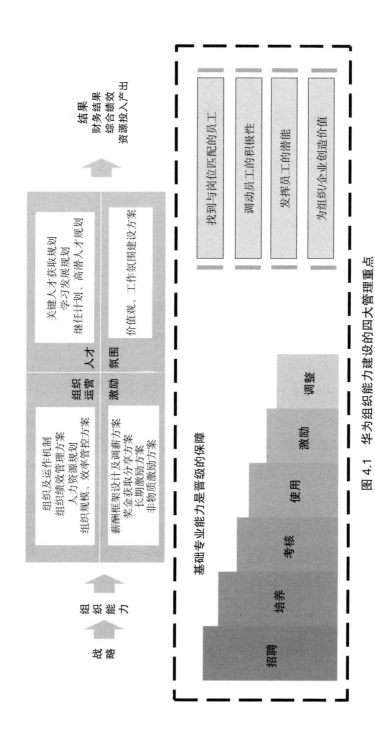

图 4.1 华为组织能力建设的四大管理重点

（2）正确评价价值。正确评价价值对应的是业务特点及考核牵引（绩效管理）。这个层面是人力资源管理的专业价值的特别重要的体现。基于不同业务模式（如运营商事业群、消费者事业群、企业业务事业群等）、不同人群（业务负责人、专家、职员、操作层）、不同责任贡献（销售、研发、供应链等），建立差异化的组织考核和贡献评价机制。

（3）合理分配价值。合理分配价值对应的是贡献与激励回报（激励与氛围）。这个层面是人力资源管理实现闭环的重要手段。全面构建获取分享制，物质激励与荣誉激励建设并重，基于不同业务与人群的不同责任贡献，建立差异化价值分配机制。

华为的组织能力建设兼具东西方的管理哲学，是发展中公司对标华为管理的非常重要的一个方面，组织力是战略执行需要的组织能力，是企业始终充满活力的内部动能。

1. 组织运营管理是战略与业务规划落地的首要保障

组织是基于实现战略而存在的，公司应根据战略发展来确定组织的定位，从而确认主营业务的规划与设计，并根据管理问题的定位与分析来进行组织架构功能重设。让组织的发展有牵引，其中包括约束与淘汰机制建设、学习型组织建设、激励与晋升机制建设等；让组织发展偏重于结果和贡献导向，就会关联到授权体系重组、考核机制完善及薪酬激励的配合。制度与流程的设计是组织体系化较为关键的环节。

人力资源管理者及业务管理者都要具备组织运营管理的敏感度，推动能力与策划能力一样重要。任正非说过，人力资源很多工作都和人员利益密切相关，方案和策划也许不是最难的部分，推动执行才是。变革就是利益分配，人力资源管理部门作为一个非直接利润创造部门，在变革过程中进行引领是非常难的，业务部门与人力资源管理部门一起携手才能取得组织变革的成功。

组织设置的根本目的是承接职责和权利、履行流程、实现管理目标。组织设置应匹配战略与业务、匹配流程，以达到运作高效。组织存在的目的如下。

（1）实现作战或支撑作战，促进流程高效运作，以实现商业成功。

（2）有效支撑公司战略和业务策略，为客户创造价值。

（3）有效构建组织战斗力，提升组织能力。

（4）实现组织内部的合理分工，明确责任归属。

组织的建设情况是每一位管理者都要关注的问题，这不仅是人力资源管理部门的事情，也是每一位管理者的责任。对组织的管理是否达到基本要求，可以从九个方面去对标检查。

定位：对于公司发展的战略规划是否清晰，部门是否有清晰的年度规划和重点工作的长远安排，部门的年度目标是什么。

岗位：根据公司的发展方向，部门的组织架构是否契合；岗位设置是否合理；人员能力是否可以适应未来的发展；部门成员岗位职责是否清晰；部门成员是否清晰自己本年度、季度、月度的重点工作。

授权：作为部门管理人员，在人、财、物、事方面有哪些授权，这些授权是否有各项制度作为支撑；内部是否有权限指引表来说明各级部门的管理层权限分配。

制度：所在部门目前有哪些关键流程和制度，部门的员工是否全部都清晰，是否可以执行到位；目前，部门员工在执行制度方面存在哪些问题；采用什么管理办法来加大员工对制度的执行力度；部门内部有哪些奖惩措施，是否有效。

运营：部门目前最大的运营成本是什么，有哪些降成本的举措，是否会涉及其他部门。

协作：本部门与哪些部门的业务交集比较多；相关信息沟通是否顺畅；部门人员是否清晰相关的制度及操作流程；对于一些特殊场景，是否有特殊的处理办法；是否出现协作问题，如果有，问题体现在哪些方面；有哪些标准化的处理办法。

培养：部门如何培养员工的工作技能，在人力不足的情况下，有哪些应急机制。

沟通：部门内部的业务问题或者跨部门合作出现的职责不清的争议，是否有完整的闭环管理机制。

考核：目前的组织考核是否有效。

以上问题是每一位管理者都需要思考的，组织的效率管理是核心，人效是重要的表现和考核依据。

2. 人才管理是组织能力建设的重要保障

人才管理业务流程的核心是基于战略需求建设、整合人才供应链，基于"选、用、流、育、留、管"的逻辑构建具体的人才管理业务，保障"开放型人才构成"中各类人才的数量、质量、结构能够满足战略需求。人才管理的具体流程如下。

（1）人才选拔：人才考察、专业任职资格管理、继任管理、任命管理。

（2）人才使用：关键岗位上岗、个人绩效管理、人岗匹配、不合格调整。

（3）人才流动：建立内部人才市场、指令性调配。

（4）人才发展：学习规划发展与预算管理、新员工入职引导、基层管理者角色认知、高级研讨班、经理人反馈计划制订、关键角色认知。

（5）人才激励：工资管理、奖金管理、长期激励管理、福利管理、个税管理、非物质激励。

（6）人才监管：干部弹劾、权力监察。

具体到人才管理实操层面，有七大场景要执行好，分别为招聘、绩效管理、任用、人岗匹配、发展、调薪、解聘与挽留。人才评议是人才管理的基础，管理者要有意识地周期化进行。

总之，企业的人才是由外部顾问、企业内部专家和管理者共同组成的，人才结构具有开放式特点。

3. 激励管理是组织能力成长的重要动力机制

从传统意义上而言，激励可以分为物质激励和精神激励两大类。华为对激励做了更深层次的细化，分为薪酬、福利、健康和发展。激励的目的是在公司商业成功的基础上实现对员工的回报和反馈。华为激励体系如图 4.2 所示。

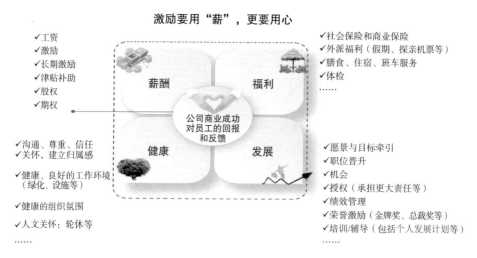

图 4.2　华为激励体系

薪酬和福利这两个层面是较容易理解的。薪酬是指广义上的薪酬，不仅指工资，还包括各种奖金、津贴补助和长期激励。华为的长期激励主要指员工持股计划（Employee Stock Ownership，ESOP）和时间单位计划（Time Unit Plan，TUP）。福利包含各种保险、节假日礼品、体检。华为还有外派的福利，诸如每年三套探亲往返机票，家属陪同常驻的餐食补贴，为加班员工提供的免费班车、免费夜宵等。

健康和发展是较容易被公司忽视的两个很重要的激励维度。健康包含的内容很多，从硬件环境到心理建设，从个体人文关怀到组织氛围建设。健康层面的建设充分地体现了华为对员工思想权、行为权、表达权的尊重，也是华为激励管理与时俱进的重要体现。

笔者进入华为的时候，公司在传统节日几乎没有任何表示，不像其他公司还会发过节费。当时深圳市并没有强制民营企业给员工购买公积金，华为也不会主动给员工提供公积金的相关福利。直到后来，华为国际化的步子越来越大，才慢慢提供这些福利。

我提起这些往事，目的当然不是抱怨华为，而是想告诉大家，每家公司在特定的历史时期都有特定的管理模式。笔者作为五万名员工之一，进入华为的时期刚好是华为管控非常严格的时期，我们当时有很多红线。例如，午饭时间提前刷卡，可能会被通报处罚。而再早一些，计算机可以连接外网，上班可以边工作边戴耳机听音乐，这些在笔者刚进入华为的时候是完全不可想象的。但是，随着公司对员工关怀激励的深入，华为内部国际化程度的扩大，我们逢节必过，人事、行政会精心策划每一个国际性的节日，圣诞节、感恩节，甚至愚人节等，这些都是改善公司组织氛围非常重要的手段。在某个时期，华为内部还发起了不称呼"总"、改变"一唬二凶三骂人"的简单粗暴管理风格的内部调整，包括定期给所有员工做压力测试、引入外部情绪管理的公益课程等，这些都是为了创造内部的尊重和信任的人文环境。

发展激励也是很重要的。很多公司的员工不清楚他们如何可以升职、加薪和配股。很多公司的现状是升职才能加薪，涨薪全凭感觉，配股完全靠熬资历。很多员工离职的原因无外乎"挣不到钱"和"学不到东西"，这很大程度都是发展激励不清晰导致的。这种牵引机制往高了说，可以上升到愿景、使命和价值观，往低了说就是升职和加薪，体现了公司可以给员工提供的各种发展机会。

笔者在进入华为第二年的时候也想过离职，因为觉得工作很枯燥，收入在深圳也不算太高。但幸运的是，笔者那时在华为内部还可以有选择，比如可以申请去海外常驻。笔者去了海外之后，心胸一下就打开了，又有激情了，再也没有离职的想法了。在海外工作，既可以挣到钱，又可以公费旅游，还能有职位的晋升，一举三得，立刻让笔者觉得这个世界特别美好。

在华为，这些激励最神奇的地方是不需要员工主动提，很多时候它就自然来了。例如，每当笔者觉得倦怠时，笔者的上级就会跟笔者聊涨薪和配股的事情，一度让笔者以为领导都有一双慧眼。后来随着职位升级，笔者才慢慢感受到这其实是激励体系的神奇。华为通过任职资格管理体系和绩效管理绑定人员的发展通道，让员工不停歇地追求更广阔的世界和实现新的人生目标，通过不断扩展新的业务领域，带给员工更多的职业发展和行业发展的机会，授权员工承担更多的责任，从而看到更多的风景，接触到世界顶级的管理范式，并有机会去实践和操盘，这些都是更加有层次的激励模式。

激励还是要基于洞察人性需求，通过定制化和及时性，全面深入地迎合员工的精神发展需要，促进员工及企业的正向发展。

激励不是无源之水，预算是关键。

激励不是平均主义，要注意拉开档次，显示收入差距。

激励不是拍脑袋的个人喜好，要建立在组织与个人绩效考核的基础上。

4. 组织氛围与价值观建设到位才能基业长青

公司运营就好比一场场战役，不仅要有战略的顶层设计，也要在战术层面获取一个又一个的胜利，而军队的士气是一支部队强悍战斗力的重要组成部分。正所谓"狭路相逢勇者胜"，在关键时刻，团队能否顶得上去，团队士气强不强起着决定性的作用。这个道理无须多讲，如果把一家公司比喻成一支军队，那么企业文化和组织氛围就是军队士气。

管理者是企业文化的直接传播者，组织氛围就是看关键领导者提倡什么和反对什么。领路人的角色很关键，上行下效是普遍的现象，传播正能量和梳理正面标杆，要付出的辛劳不是一句坚持就能做下来的，还要考量管理者的心性和胸怀。

良好的组织氛围是一支团队保持持续战斗力的重要保障，不要小看组织氛围的作用。

4.2 组织能力建设要与业务管理不断融合

组织能力建设要围绕业务的发展需要展开，那么人力资源管理如何给公司进行清晰的定位呢？从人力资源管理与业务管理融合的角度来说，任何公司的人力资源管理部门如果能做好 HR 要承担的六种角色（见表 4.1），就可以达到要求。

表 4.1　HR 要承担的六种角色

角色	角色描述	关键业务活动
战略与业务规划落地的协助者	参与战略制定；理解业务战略；将业务战略与 HR 战略连接，并组织落地	市场洞察：了解行业发展趋势、关注竞争对手动态、了解客户需求
		参与战略制定：参与所在体系战略与业务规划制定、理解业务痛点、牢记组织 KPI、看懂三张财务报表
		战略连接：组织制定对应的人力资源战略（组织、人才、激励和氛围）
		执行落地：制订人力资源业务合作伙伴年度工作计划，并推动落实
		驱动目标达成：通过有效的建议影响业务决策，驱动业务人员完成目标
组织建设的推动者	通过定量和定性的组织诊断，及时发现组织和流程运作的问题，以 HR 视角给出组织效率改善的方案与建议，积极推动组织效率的不断提高	组织诊断
		组织架构及运作机制的优化与迭代
		组织绩效管理方案的优化与迭代
		组织规模、效率管控的优化与迭代（人员编制与流程优化）
薪酬绩效体系的建设者	根据战略与业务发展需要，设计符合业务需求的薪酬绩效体系，充分调动各级员工的积极性，促成目标达成	各级人员绩效考核的优化与迭代
		薪酬框架设计及调薪方案制定
		荣誉激励体系建设
		短期与长期激励体系建设
人才发展的运作者	找到与岗位要求匹配的人员，在工作过程中有效激发员工的工作潜力，协助业务部门赋能员工	人才招聘：用最低成本、最快时间找到业务发展所需的合适人员
		人才配置：关注员工个体的经验特点及成长意愿，结合业务发展需要，让员工在合适岗位上人尽其才、才尽其用；管理好关键岗位的关键人才
		人才培养：结合战略与业务发展需要，输出有效的人才培养方案（含任职资格标准建设）

（续表）

角色	角色描述	关键业务活动
员工关系的管理者	有效管理员工关系，提升员工敬业度，合法用工，营造和谐的商业环境	敬业度管理：组织氛围测评与组织氛围改进
		矛盾调停：建立例行沟通渠道、具有优秀的沟通和谈判能力、理解对方诉求、有效解决矛盾冲突
		员工健康与安全：员工关怀（硬件环境和心理疏导）
		突发事件和危机处理
		雇主品牌建设
企业文化的传承者	通过干部管理、绩效管理、激励管理和持续沟通等措施，强化和传承公司核心价值观	干部身体力行：通过干部选拔、辅导和管理，让干部践行核心价值观
		员工理解和践行企业文化：绩效管理、激励分配、树立标杆等
		跨文化传承：尊重不同文化背景的员工，为其制定针对性方案

以上是从业务发展的角度对人力资源管理提出的具体要求，也是笔者根据华为人力资源四大管理重点的要求在其他公司建立的落地应用模型。

在掌握以上模型的同时，组织能力建设需要重点关注三件事，达到支持公司发展的目的。

第一件事：人才招聘是头等大事。

第二件事：绩效管理要体系化。

第三件事：重视人才发展。

4.3 组织能力建设发力点：人才招聘是头等大事

不管什么公司，组织能力建设是从招聘开始的，除了创始人团队，大部分岗位上的人员都需要靠招聘的方式引入，招聘工作贯穿公司的整个生命周期。招聘是传统人力资源六大功能模块之一，笔者觉得在一定时期，招聘是影响公司战略实现的主要原因。公司竞争的底层逻辑其实就是人与人的比拼。

很多公司的 HR 都应该有过被管理者和用人部门看不起的经历："过去两个月了，一个面试的都没有""这是什么简历啊，你自己不先筛选一下吗""连个人都没有，这业务没法做了"等。笔者做总经理的时候，也曾经因为新区域的招聘不利而截掉过一个大区人力资源总监。从用人部门的角度来看，很多 HR 始终不明白用人部门到底需要什么样的人。

📄 【案例】优秀的 HR 往往可以出奇制胜

A 公司与 B 公司同时在研发一款性能很接近的产品，谁先推出产品，谁就能抢占市场先机。作为 HR，应该如何帮助公司呢？A 公司发动所有资源，一周之内用高薪挖走了 B 公司所有负责这款产品研发的主力人员，造成 B 公司的研发进度严重受阻，A 公司率先推出产品，抢占先机。不管这个案例是不是真实的，也不讨论这种做法是否太过极端，但是从这个案例中可以感受到懂业务的 HR 的战斗力有多强。

我们先来看看 HR 在招聘过程中不懂业务的表现。

（1）说不清楚公司的业务和产品，甚至不知道公司的发展方向和在行业内的优势，不熟悉公司的企业文化要求。

（2）不理解招聘职位的工作内容，各种职位描述是先从网上搜索类似的，自己再做修改，而很少和用人部门负责人及管理者进行主动沟通与交流，职位描述的审核程序也不严格。

（3）觉得自己很专业，对应聘者简历缺乏深度分析，不征询用人部门和管理者的意见，擅自决定对关键岗位简历的初选意见。

（4）不理解公司现在的重点工作和管理导向，掌握不了不同部门、不同职位人员需求的轻重缓急程度，而是一味按照自己的能力状况，优先满足自己较熟悉的岗位。

（5）对于招聘需求，强调专业和客观困难，缺乏主动响应和服务的精神。

（6）招聘渠道单一，不注重平时在相关行业和职位领域内拓展资源与人际关系。

（7）不注意对应聘者面试过程的细节安排，造成应聘者对公司产生负面印象，甚至影响雇主品牌。

（8）对薪酬等影响应聘者决定的重要因素，缺乏和用人部门及管理者沟通的能力，造成招聘结果的恶性循环。

（9）不注意招聘过程的管理和数据的分析，不及时总结招聘方法和评估外部招聘渠道的效率。

（10）不重视内部推荐体系的建设，缺乏方法和工具。

上面表现所显示的问题，主要还是 HR 对公司战略和业务的理解达不到要求导致的。

4.3.1　招聘要具备的业务思维比招聘技巧更重要

要想做好招聘，首先，从理解公司所在行业特点、理解公司所提供的产品和服务、理解公司企业文化开始。具体而言，就是要像战略顾问一样去研究行业，像销售人员一样去学习公司产品知识，像管理者一样去解读企业文化的内涵，像朋友一样去帮助各级面试官和应聘者。

研究行业有很多种传统的工具，简单来说，就是知道行业的发展趋势和方向，特别是政策和技术的导向，这可能会带来人才结构和方向的重大调整，对前期储备和规划人才都有很强的指导意义。简单来说，HR 要明白这个行业里面本公司的直接竞争对手是哪些公司，其组织结构和薪资结构是怎样的，核心岗位的人才特点是怎样的，本公司在行业内的优势是什么，行业内有哪些公司的招聘方式是可以借鉴的等。了解了这些，HR 就初步具备了和管理者与用人部门对话的基础。

其次，笔者觉得招聘工作其实就是销售工作，只不过 HR 销售的是公司和职位，其底层逻辑是相通的。

作为 HR，要了解公司产品的卖点，知晓本公司领先于其他公司的优势及本公司的盈利模式。任何人都不会选择没有竞争力和前途的公司，招聘者如果连这些都不清楚，那么又怎能挽留中意的应聘者呢？

对销售人员，我们常说要在见到客户的 1 分钟之内打动客户。那么，对优秀的应聘者，如何吸引其加入公司，这不仅考验着 HR，也是面试官要做好的准备。

最后，招聘人员要像对待朋友一般和各级面试官与应聘者相处。具体表现为：安排好合适的面试时间和地点，做好前期的准备（让面试官初步了解应聘者情况），赋能、培训面试官相关的面试技巧，优化面试流程，在面试过程中向面试官和应聘者学习业务的关键点。

招聘是人力资源对公司业务理解最好的探测器，也是人力资源与业务建立良好合作关系最直接的桥梁。

【案例】华为在周六集中面试应聘者意味着什么

华为很多部门或者体系组织的招聘面试工作都会选在周六于市中心的

酒店进行，笔者之前不太理解这种模式，觉得公司不是有很多地方吗，又不用花钱，为什么非要劳心劳力地放在周末，放在酒店呢？其实这样做有多重好处，也彰显了华为"以客户为中心"的企业文化管理思路。

（1）首先应聘者在工作日请假可能会比较困难，而周六是应聘者基本都可以接受的时间。选择市中心的酒店，在位置上对应聘者来说较为方便。

（2）集中在固定时间和固定地点对应聘者进行面试，就意味着会集中面试官和招聘组织者一起在现场进行服务，对华为这种面试程序较多的公司，可以保证应聘者一次性完成所有流程。而平时在公司，面试官难免会受到公司事务的纠缠而影响面试效果，在固定时间、固定地点这种类似于半封闭的情况下，可以提高面试专注力。

（3）集中在周六面试，就意味着可以把招聘工作像生产流水线一样进行切割，平日里以搜索简历和电话邀约为主，周六集中面试，并且由于各级面试官和招聘组织者都在场，可以迅速形成最终录用意见，完成招聘流程的闭环。

（4）有人说，明明公司有场所，还用酒店，是不是有些浪费。这只是针对直接成本，其实并不准确，笔者来算算这种方式带来的隐形收益：首先，是刚才说的面试效率的提升，这种提升带来的收益是巨大的，特别是对流程较为复杂的成熟公司；其次，这种面试现场会有很多高级干部和招聘组织者，他们不会跟公司要加班费，这也是提高人效，变相降低成本的一种方式；最后，这种方式能给应聘者节省时间成本和经济支出。

学习华为不一定要学习它凡事高举高打的方式，创业型公司不妨试试周六邀约应聘者到公司面试，执行力不是体现在喊口号、搞形式主义上，如果连HR都这么拼命，那么说明了什么？笔者记得曾经的一次电话面试经历，笔者主动跟对方说，自己周六可以参加面试，结果对方说，公司领导周六不上班，顿时让笔者对这家公司看低三分。当然，不是说一定要这样做，关键是对完成指标有没有不顾一切的冲劲和干劲。

4.3.2　从细节处优化现有招聘体系，并关注应聘者的感受

📑【案例】让人疑惑的应聘登记表

公司一般都会让应聘者在现场填写应聘登记表，这是面试标准的程序之一。笔者和很多 HR 探讨过为什么要设置这个环节，答案如下："没有这个登记表，怎么证明这个岗位有人来面试过，没法统计招聘工作的成效""没有多少内容，几分钟就填写完了""记录简历里面没有的信息""方便面试官把一些重要信息摘录出来""说不清楚，反正公司一直有这个东西"。

从应聘者和公司需求两个角度来还原一下面试场景。

我是一个很有诚意的应聘者，按照时间约定来到公司，HR 让我先填写一份应聘登记表，内容很多——姓名、年龄、电话号码、婚姻状况、学历、工作经历、爱好、期望薪酬，这些内容不是简历上都有吗？好吧，写就写吧，翻开简历再抄一遍吧。还要写家庭主要成员及联系方式，我还不一定在这里上班呢，这不是泄露隐私吗？算了，我写得含糊一点吧，人家有要求就写吧，好久不写字了，也不知道他们面试考察字迹吗，真是有点浪费时间，这些问题可以在面试的时候沟通。

对于公司面试官，现场一边看简历，一边看应聘登记表，面试之前基本没有准备，这让应聘者的现场感受非常不好，尤其是高端职位的应聘者。面试完毕，对 HR 汇总面试意见及对应聘者此次面试数据统计而言，

应聘登记表上的内容绝大部分是没用的，这些带着个人隐私的资料后续进行归档管理也是要花费管理成本的。最后，如果公司对应聘者不满意，那么就意味着应聘者填写表格的时间浪费了，也增加了公司的管理成本。

对于应聘登记表这个事情，还是以终为始，从平衡效率和控制风险两个方面切入，笔者建议从以下几个方面来进行考虑。

（1）对于可能要做背景调查的信息，可以等到面试结果确认之后再和应聘者进行单独详细确认，这对应聘者也是一种尊重。

（2）对家庭背景信息、关键联系人之类的信息可以等到应聘者入职之后再要求详细填写，录入公司系统。内部人力资源管理系统完善的公司可以让员工入职后自行在系统中补全个人信息。

（3）不管公司需要几轮面试，面试结果信息填写可以和应聘者基本信息分开，就是说，面试官不一定要在应聘登记表上去记录自己的面试意见。

（4）如果一定要通过应聘登记表来进行招聘过程管理，那么就一定要简化其内容，应聘者简历中呈现的内容就不要重复让其填写了，让其简单登记就可以直接进入面试流程。

从应聘登记表就可以看出很多问题，那么，招聘工作该如何做到以客户为导向呢？简单来说，招聘经理的直接客户是用人部门，间接客户是应聘者，这些应聘者也是招聘经理拓展自己人际关系与资源的非常好的桥梁，考虑他们的感受和提升他们的效率，才是用业务思维招聘人员的最好方式。

1. 从制度及流程设计上考虑各方的需求

制度和流程是一个体系运行的根本，招聘体系也要有制度和管理要求，但是制度与流程的制定要考虑业务和公司管理的具体需求，制度应建立在服务的基础上。

招聘的制度与相关流程要邀请公司其他部门共同参与评审与制定，特别是对一些涉及与其他部门配合、人员奖惩的事宜。比如面试官的资质标准、配合要求与考核内容，关键岗位的面试程序与决策过程，各个级别岗位薪酬范围的评定标准等，至少公司其他部门都应该清楚和熟悉公司的招聘制度和面试流程。

招聘的流程设计要注意可行性和可操作性，比如在内部推荐体系中，如果没有相应控制，可能就会出现任人唯亲和内部贪腐的情况。有的公司要求面试官面试完毕之后立刻书面反馈面试意见，结果因为公司内部没有这种考核机制，所以这个要求形同虚设。在别的公司执行得很好的制度和流程，不一定适合本公司，所以不能闭门造车，要多感受来自面试现场的声音，这种情况下制定的制度和流程才有落地的可能。比如招聘的前期准备就是要做好和用人部门与应聘者的对接，人力资源管理部门可以从以下几个方面考虑。

（1）发布的职位描述是否符合用人部门的要求。

（2）简历筛选是由用人部门自己判断还是 HR 做第一道关卡筛选，建议新业务相关职位或者 HR 不熟悉的职位、高端职位可以交给用人部门自行判断。

（3）明确招聘职位级别对应的薪酬范围。

（4）合理安排面试官的时间。

（5）提供前期积累的面试话术给面试官参考（特别是新的面试官）。

（6）谨慎选择应聘者，不要浪费应聘者和面试官的宝贵时间。

对于第（6）项，需要重点分析。有许多应聘者曾经向笔者抱怨："HR在初选沟通环节已经隐约觉着我不合适了，但还是安排了面试，让我白白折腾了一回""公司打电话过来邀约面试的人，一问三不知，这种公司也太没水平了"等。

第一种情况可能是招聘者为了完成自己的考核指标，不顾公司成本与应聘者的利益而做出的行为，比如用人部门可能觉得近期来面试的人太少了，不管合适与否，先减缓这个压力，或者存在侥幸心理，万一通过了这个应聘者的面试，考核指标不就完成了。

第二种情况其实就是面试邀约人不熟悉公司业务，邀约之前没有做任何准备而导致的，这是招聘过程管理不到位、不细致。这边用人部门成天发愁怎么找不到人，那边可能很多优秀的人员已经被挡在第一道门之外了，这种情况更多发生在发展中的企业。发展中的企业没有名气，面试邀约环节更容易让应聘者打退堂鼓。这些都是招聘细节管理的问题。

发展中的企业需要反思一个问题：一份对公司真的很重要的简历，是不是还在委托年轻的人力专员，甚至委托前台进行电话邀约，公司展现给应聘者的诚意在什么地方呢，公司尊重人才吗。

对于邀约技巧，别无他法，需要反复演练才能换来提高。面试邀约话术演练应该成为招聘环节比较重要的技能培训点，像销售人员练习销售话术一样去不断重复，请用人部门来现场观摩指导，这样才能不断提高。

2. 在招聘过程中，HR 不仅要服务好面试官，还要尊重每一个应聘者

如何尊重应聘者，其实很简单，去学习公司的优秀销售人员，感受一下他们是怎么打电话邀约客户的就会明白。很多公司没有学会真正地尊重应聘者，更为直接的原因是管理层都没有这种意识。

"你以后可能就是我的下属了，我不能表现得比你愚蠢""面试的时候不让你知道厉害，进来之后还不翻天了"。如果是以找一个不如自己的人进入部门为目标，那么从一开始想法就有问题。这个或许和企业文化有关系，也反映了管理者的心胸和格局，而招聘组织者往往怕得罪这些人而被动屈从，这样带给应聘者的感受就会非常不好。

还有一些招聘人员掌握着公司初次面试的权力，架势比用人部门领导还大，为了显示自己人力专业素养高，对应聘者把所有面试层级的问题都问一遍，面对所面试职位层级越低的应聘者越变本加厉，公司的雇主品牌形象就是这样一点点被破坏的。

尊重就是能从对方的角度去换位思考，有同理心。而很多招聘人员跟应聘者确认时间往往是先看自己部门领导的情况，但如果招聘关键岗位员工都不是一个部门领导最重要的事情，那么这家公司估计好不了。

笔者曾经做某分公司总经理的时候，刚好也是公司重组重建的重要时刻，要求业务副总和总监推荐人才来公司，笔者告诉所有的 HR 和业务骨干：

（1）不管什么岗位，应聘者只用来一次就可以完成所有面试流程；

（2）销售人员的简历，HR 只负责搜索，我审核把关后确认是否邀约，其他岗位严格按照我确认的职位描述去招人；

（3）不管什么岗位，最后的终面决策权都在我这里；

（4）先和重要应聘者确认其合适的面试时间，我根据应聘者的时间进行调整，哪怕推迟与客户的见面也要先保障面试时间，如果应聘者实在不方便，可根据应聘者的时间安排视频面试。

那个时候，笔者认为快速组建团队比去见一两位客户重要得多，一个人即使很勤奋，能见客户的数量毕竟是有限的，但是如果组建合适的团队，这个数量就会以几何级数增长，业务自然也就会有所改观。高层人员重要的任务就是做好准备工作，让合适的人做业务工作，而不是自己冲锋在前。

面试环境也体现着对应聘者的重视与尊重。面试是一个有些紧张的场景，良好的环境有利于双方更好地互相了解。公司如果单独面试和等候的空间有限，可以在公司周边安静的咖啡馆和茶馆进行面试，不管应聘者最后有没有被录用，这都能彰显公司正能量的态度，也是雇主品牌的另外一种建设。

3. 面试结果要尽快反馈给应聘者

有多少公司在面试结束后对应聘者说过"有结果之后我们会尽快通知您"，又有多少公司履行过这种承诺。面试邀约的时候恨不得应聘者马上到现场，面试结束后，但凡没有录用，马上置之不理，这是一种没有凝聚力、没有温度的公司的典型体现。其实这只是一个简单的招聘闭环管理就可以完成的动作，却造成了很多公司不靠谱的外在印象。有始有终，才能彰显专业，既然承诺了，就一定要做到。招聘人员面对应聘者，代表着公司的形象。

招聘工作要从细节做起，经常复盘过程，不断改进。

4.3.3　没有招聘考核，再好的过程也无济于事

招聘是一个流程节点非常清晰的人力板块，相对其他人力资源管理板块，招聘产生的价值是可以直接用众多维度的数据进行衡量的，招聘人员

的考核指标设定相对就会容易很多，即使这样，还是要注意招聘指标的联动。

笔者的观点：对于发展中公司，当用人缺口较大时，用人部门负责人应当和 HR 一起承担招聘考核要求，且考核权重占较大比重；对于成熟运作的公司或者部门，可以选择重要人力成本指标进行考核联动。比如华为有一段时间要求各个海外派驻国家或地区的负责人承担提升本地员工占比指标的要求就是一个很好的例子。

公司可以从招聘效率、招聘成本、招聘质量、招聘满意度四个大的方面进行招聘考核的设置。

1. 招聘效率

招聘效率可通过招聘完成率和招聘延期率来反映。

招聘完成率 = 在规定招聘周期内完成招聘的岗位数量 ÷ 在规定招聘周期内计划招聘的岗位数量

招聘延期率 = 超过三个月未招聘到的岗位数量 ÷ 在规定招聘周期内计划招聘的岗位数量

招聘效率考核可以细化到具体岗位，但是也要结合公司的实际情况，要注意以下两种情况不太适用：一是单独的每一个岗位招聘数量有限；二是专职招聘人员是复合型的，负责不同部门、多个岗位的招聘。并不是考核颗粒度越细越好，对于中小公司尤其如此，不要轻易尝试大公司的模式。

2. 招聘成本

招聘成本系数（越低越好）= 招聘周期内招聘总投入 ÷ 该周期招聘人

数的月基本薪酬之和

招聘成本（招聘投入）具体包含哪些内容，每家公司的计算方式和归类也不尽相同。可以从以下几个方面考虑：传统网络渠道成本、猎头成本、宣传推广的费用、专场招聘会费用、所投入人员的时间和薪酬成本等。

3. 招聘质量

试用期不合格比例 = 某一时段内所录用人员未通过试用期的数量 ÷ 该时段内所有录用的人员数量

试用期主动离职率 = 试用期内主动提出离职的人员数量 ÷ 试用期内所有录用的人员数量

招聘质量差给公司带来的隐形成本是比较高的，用人部门负责人要对人员引进的成本负主要责任，但是很多公司缺乏这方面的管理意识和第三方监控，很多部门负责人成本意识也不到位，最后都是公司来承担损失。

4. 招聘满意度

招聘的直接服务对象的满意度，是招聘价值的一个重要体现，可以从以下几个方面进行调研。

（1）您对 HR 对您提出的招聘需求的响应及时性满意吗？

（2）您对 HR 提供的简历数量满意吗？

（3）您对 HR 提供的简历质量满意吗？

（4）您对 HR 的面试安排满意吗？

（5）您对 HR 的面试后结果反馈和响应满意吗？

通过这样的调研，招聘体系负责人可以聚焦分数较低的部分，提出有针对性的解决方案和行动计划，全面促进人力专业能力与业务实际需求的融合，把自己放在服务的角度上向内部客户学习。

如果说业务发展需要执行力，那么招聘团队就是团队的先遣军，一家公司招聘体系的能力往往影响着公司长远的发展。除了上述四个考核指标之外，还有一些招聘过程指标，可以协助公司找到一些根源性的问题，比如合格简历量 / 率、邀约量 / 率、初面量 / 率、复试量 / 率、邀约量 / 率、入职量 / 率等，公司可根据这些过程指标评价整个招聘流程，针对出问题的具体节点进行有效的改善。

招聘是一个较为清晰的基础流程，公司的竞争力差异就体现在细节之处。而招聘的考核就是推动细节建设的抓手，公司应根据自身情况，合理设定考核指标，管理招聘过程，及时进行结果复盘，以改善和提升招聘的效能。

4.3.4 面试官的全面修养

招聘不仅对 HR 有要求，对面试官也有要求。面试是一家公司引入人才非常重要的手段，而面试官的面试能力和技巧在一定程度上决定了公司引入人才的质量。我们先来看看面试中的常见怪象。

怪象一：面试前不做任何准备，直接拿简历上阵。很多面试官非常自信，认为自己在现场一边看应聘者的简历，一边就可以问出非常专业的问题，但实际面试效果非常差。临时和随意的仓促性提问，不仅不利于了解、识别应聘者的能力，对应聘者来说，感受也是非常明显的，比如临时提出的问题没有条理性和逻辑性，甚至和前面一轮面试的提问重复，这会让应聘者觉得公司的沟通有问题，进而影响对公司的印象。

怪象二：面试官在面试的时候非常不专心。比如面试官玩手机、频繁回公司的电话、签署下属送来的文件等，给应聘者造成很差的印象，面试效果也不好。

怪象三：错误的授权。很多面试官都是公司的管理者，平时非常忙碌，这是可以理解的，但是面试是一件非常严肃的事，不能拿忙作为借口，错误授权其他人员帮忙面试，而不考虑这些被授权的人员是否具有面试的资格。有的面试官甚至不知道自己要来面试的这个职位是什么，那如何才能招聘到符合岗位要求的人才呢？

怪象四：面试的时候偏离主题。很多面试官可能对应聘者原来公司的内部情况或技术发展细节感兴趣，会反复和应聘者沟通、讨论这方面的情况，而忽视了对应聘者能力和经验与公司岗位的匹配性考察。把面试变成了聊天，这样其实非常浪费彼此的时间，面试效率也很低下。

怪象五：不尊重应聘者。面试官在面试开始的时候，需要去鼓励和感谢应聘者的到来；应聘者在面试过程中，面试官的坐姿、状态是需要充满热情和积极性的；面试结束，面试官应感谢应聘者时间的付出，这些都是对应聘者最基本的尊重。而很多面试官自认为拿着公司录用人员的权力，表现出一副高高在上的模样，在面试过程中姿态高傲，很容易造成中意的应聘者因面试官的表现，对公司非常失望，从而使公司错失人才。

除此之外，面试中面试官还会有很多不专业的表现，比如岗位职责过于严苛，公司现在都执行不到位的事情，要求应聘者做到；还有的喜欢在面试时和应聘者就某些观点进行激烈辩论。面试官在面试的过程中不能求全责备，面试主要看应聘者目前的状态和未来的发展潜力是否与公司职位匹配，是否能够成长，成长性如何。这需要面试官跳出自我的状态，实事求是对待公司的人才招聘选拔标准。

从某种意义上说，面试官也是公司的脸面和招牌，特别是现在信息比较发达，面试官不靠谱的"奇葩"面试行为可能会不经意间损害公司的形象，带来影响今后公司业务和客户拓展的风险。

我们可以把面试分成三个阶段：面试前的准备、面试的执行及面试后的跟进。根据这三个阶段，可以把面试官要具备的能力分成对应的四个层面，首先是"闻"，其次是"望"和"问"，最后是"跟"，如图 4.3 所示。

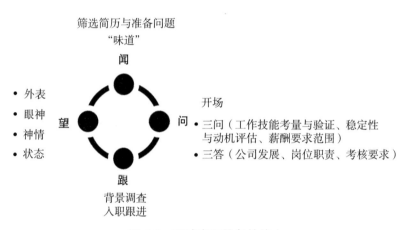

筛选简历与准备问题
"味道"
闻

望
• 外表
• 眼神
• 神情
• 状态

问
开场
• 三问（工作技能考量与验证、稳定性与动机评估、薪酬要求范围）
• 三答（公司发展、岗位职责、考核要求）

跟
背景调查
入职跟进

图 4.3　面试官要具备的能力

闻主要是闻"味道"（通过目前已掌握的应聘者的相关信息，初步评估判断其大致能力水平和特点）。通过简历中的一些基础信息，判断应聘者的基本状态，比如应聘者的背景、职场稳定性、以往经验与岗位要求的匹配性、求职动机等。通过提前对简历进行解读和分析，可以得到一些初步的判断和结论，这些结论的验证就需要面谈来进行，而在这个过程中，需要问哪些问题也就自然而然产生了，这就是我们说的面试前的问题设计。

笔者特别反对面试官一边翻看应聘者的简历，一边在脑中去组织对应聘者的一些问题。这样做首先是对应聘者的不尊重，其次是对应聘者的简历没有充分了解，这样面试官就很难形成非常好的结构化、逻辑性强的面试问题，面试会很形式化，所以面试前一定要有预设和准备。

在面试过程中，自然而然就是"望"和"问"的环节，这是两个互相配合和融合的环节。应聘者落座后，面试官就可以开始对应聘者的外表、气质、状态做解读和判断。面试官可以准备一些合适的开场语，通过让双方都能比较自然的氛围来调动应聘者的积极性，营造一个比较合适的谈话氛围，便于双方沟通和了解。

在面试过程中，重点要问什么呢？笔者觉得主要把握以下三个方面的问题，不要把一场面试搞成漫无目的的聊天。首先要问与工作技能相关的问题，比如工作经验方面；其次要设计一些问题来考量应聘者的求职动机和稳定性；最后要了解清楚应聘者目前的薪酬结构及薪酬期望。这是三方面比较常规的面试问题。

在面试过程中，面试官也需要回答应聘者的一些疑惑，特别是较为认可和欣赏的应聘者，通过回复应聘者的问题，可以增强应聘者对公司和职位的熟悉和认可。面试官需要给应聘者介绍行业的发展趋势、公司的优势、岗位的具体职责要求，不同行业和公司的职位名称相同，但要求差异可能非常大。面试官需要结合公司的情况，把岗位要求在面试时准确告知应聘者，特别是本公司与其他公司区别比较大的一些特殊管理要求，以避免应聘者入职之后产生期望和现实的较大落差，导致离职。

在整个面试环节，穿插着各种问题和回答，面试官需要去观察应聘者的状态，根据岗位要求，通过压力测试、情景举例等面试工具，测试应聘者面对压力及质疑之下的各种反应，在听的同时，也需要通过观察应聘者的眼神、神情来判断应聘者所描述事情的真实性，对应聘者进行综合判断。

完成整个面试过程之后，面试官后续还需要进行流程跟进。面试官应在第一时间与 HR 确认应聘者是否可以录用，以及薪资的设定等，这要结合不同的面试官权限来具体操作，但需要面试官更加主动，以便 HR 及时和应聘者进行后续的相关沟通。

面试官也可以针对应聘者在面试中的表现，启用自己的职场资源去做一些相关了解，虽然一般会有 HR 来做背景调查，但是在有条件的情况下，还是建议面试官可以利用在行业内的一些资源同步去了解。

当最终确定了给某个应聘者发出录用通知时，面试官可以做一些持续的跟进，直至员工入职，以避免可能的人员流失。一般而言，面试官是应聘者的上级，为了保住心仪的应聘者不被其他公司抢走，面试官在 HR 发出录用通知后，可以根据情况第一时间和应聘者做一定程度的接触。

总而言之，公司要重视面试官的工作及对其进行相关能力提升培训。人才引入和招聘工作是公司业务发展的基础，是组织力建设的重要内容，是公司的头等大事。

4.4　组织建设发力点：绩效管理要体系化

绩效管理其实是一项非常系统的工作，它前面连接着战略与目标管理，是人才与组织发展的手段，同时也是公司奖惩体系的基础，搞好绩效管理，公司大部分的管理问题就解决了。绩效对公司或团队来说，形之于外，它表现为公司或团队的整体业绩输出及客户的认可；形之于内，它表现为公司或团队的活力与凝聚力，体现不断超越过去的奋斗状态。卓越的高绩效团队对内对外应是统一的一个整体。

无论 2B 还是 2C 的公司，建立以责任结果为导向的评价考核体系的核心还是要以提高客户满意度、为客户创造价值为出发点。企业是功利型的组织，必须拿出让客户满意的产品或服务，这里说的责任结果为导向指的就是让客户满意。

绩效评价总的原则应当是：不能够度量就不能够管理。所以必须找到度量长期贡献结果及责任意识的量化标准或事实依据，以便为主观评价建立客观基础。

绩效是员工履行岗位职责或角色要求的有效产出，绩效管理的目的用华为的话语来解释就是：落实战略、协调一致、保证产出，区分贡献、激活组织、导向冲锋。

很多朋友问笔者，如何建立一个合理的绩效管理机制？很多公司是愿意给那些做得好的人员涨薪和提供晋升机会的，但是实际情况是，公司的做法与员工的实际感受差异非常大：目标没有完成，员工抱怨目标太高了；目标完成了，公司觉得好像员工没有付出太多，这是公司资源付出的结果。如此的博弈在不断重复上演着，这也是绩效管理中经常会让管理者头疼的地方。因为不同层级人员对目标、考核、激励的理解有差异，在这个过程中可能有人员能力方面的问题，也有管理者本身的一些问题（如沟通问题），甚至会有公司发展的方向性问题（如公司都不清楚战略或者目标的实现路径，做到哪里算哪里），这些问题都会影响绩效管理的推行和运行的有效性。

4.4.1 绩效管理中经常出现的误区

在绩效管理方面，存在很多误区，常见的如图 4.4 所示。

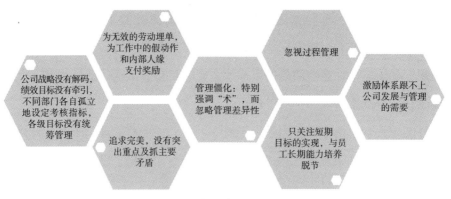

图 4.4　绩效管理常见误区

1. 公司战略没有解码，绩效目标没有牵引，不同部门各自孤立地设定考核指标，各级目标没有统筹管理

各个部门的 KPI 应该围绕公司的总目标来分解和执行，战略解码的关键是把公司未来的战略与规划落实到每一个部门的具体指标与关键事项中去，并且从整体上是可以互相验证、支持和监控的。

在公司的发展规划下，各个环节在不同时期谁主、谁次、资源如何梯次投入，这应该有一个大的指挥棒，把研发、销售、生产、交付各个环节打通，进行统筹设置。研发的进度、销售的客户关系、生产制造的及时采购与生产、交付后的客户满意度等，都是围绕公司的战略及为客户创造价值来运作的。每个部门都要与产品的覆盖率、占有率、增长率有关系，公司整体的利润产生也是同样的逻辑，每个部门要承担公司利润增长的相关要求（要么增收，要么控本）。在这个基础上，从公司目标到组织目标，从团队目标到个人目标，既要责任清晰，又要加强协同，这样才能围绕公司战略进行目标的制定与分解。

2. 为无效的劳动埋单，为工作中的假动作和内部人缘支付奖励

很多公司因为没有科学的绩效评价体系，往往会简单地比拼资历与辛苦的工作。但是，资历不代表永远都会有业绩，辛苦的工作不代表一定会有好的结果，态度不等于功劳。还有一些人善于内部钻营，内部关系处得非常好，牺牲公司的利益去迎合客户，甚至拿着别人的工作成果去换取上司的欣赏。这些迷惑性很强的行为很可能会影响绩效评价与考核的公正性。

3. 追求完美，没有突出重点及抓主要矛盾

在管理中，提高客户满意度、降低成本、增加人效是三个重要环节。但是，切忌在管理过程中过于追求完美。什么都想考核，什么都想抓，往往什么都抓不好。

根据公司的发展阶段，考核指标和要求不能太多，考核方式不能太复杂，不能为了结果的考量专门增加复核结果的管理成本。尤其要注意考核的频率，有些公司每周都在考核，其实管理成本是非常高的，很多时候各部门都忙于应付考核而忽略了工作的重心。

考核和日常管理是相辅相成的，把日常管理当作考核，或者因为有绩效考核而忽视日常管理都是不对的。

4. 管理僵化：特别强调"术"，而忽略管理的差异性

有些公司学习绩效管理方法，却不深度研究方法的底层逻辑，只片面追求形式上的一致性，内部绩效管理无分级和分类原则。常见的问题在于对基层与管理层的评价导向原则出现错位现象，比如，对基层员工考核的时候，过度强调价值观的文化趋同性，导致公司内部组织氛围压抑和低沉；而对高层人员考核又过度强调执行力，这会导致整个团队不关注长期目标，业务策略较为轻浮。

绩效管理工具有很多，不管 KPI、目标与关键成果法（Objectives and Key Results，OKR）还是 BSC，我们应先搞清楚这些工具的优势与不足，根据公司的情况来定制化设计。没有完美无缺的工具，只有适用的工具，没有所谓最好，别人用得好的工具应用到本公司不一定就适合。

5. 忽视过程管理

如果目标管理仅仅是部门管理者把领导分配给部门的指标再均匀地分配给部门员工，那么这样的管理实在太好做了，人人都可以成为管理者。实际上，目标管理的核心内容是上下级之间明确工作方向和重点，确保实现路径清晰，保证目标的逐级承接。

6. 只关注短期目标的实现，与员工长期能力培养脱节

公司的绩效目标如果仅仅关注中短期目标达成，会很容易造成相关人员牺牲公司成长的长期利益而专营短期目标，长期下去，对组织和个人的成长都是不利的。涨薪、升职和配股这些长效的激励模式不应该仅仅和绩效挂钩，需要结合员工成长能力的综合需要来进行牵引。

7. 激励体系跟不上公司发展与管理的需要

没有激励做辅助，绩效考核就没有抓手，就无法牵引员工去挑战更加困难的任务和指标。只想让马儿跑，却不给马儿喂草的公司，不可能收获增值绩效。

4.4.2　绩效管理机制的设计原则

1.核心原则一：机会是缘起，激励是闭环，脱离机会和奖惩空谈绩效，就是纸上谈兵

机会、目标、策略、计划、行动、奖惩，要形成六个统一，才是完整的绩效管理思维。没有机会，没有奖惩，那就是用纸上谈兵的方式在进行绩效管理，形式大于内容。在进行绩效管理复盘的时候要关注，是否市场上所有的机会都被公司抓住了，自身的资源是否全部充分利用了，这个资源当然也包含了激励的资源。如果这两个层面都没有问题，那么说明公司确实尽力了，只要有利润，还是可以给予员工奖励的。从这个层面来说，绩效管理的作用就达到了，自然不会去纠结目标的合理性。战略与目标在一定程度上来自假设和预测，既然是假设，那么一定不是什么都不做就可以获取收益，目标从本质来说都是有挑战性的，完成不了，公司就可能运行不下去，这个道理就是这么简单。

管理要落地，就必须让参与者相信能获取想要的利益。对于绩效管理也是这样的，科学的绩效管理体系除了目标制定、过程辅导、绩效评价与绩效反馈之外，关键还在于背后的分配机制要科学和合理。作为公司的创始人或管理者，要始终让下属相信，公司只要挣到了钱，就一定会和大家一起分享，而且贡献多的人一定分得多，这样才能让目标管理回归到其本质——抓机会、创效益。

2. 核心原则二：搞清绩效管理的目的和核心内容，上下级之间明确工作方向和重点，实现路径清晰，保证战略和目标的逐级承接，而不是玩数字游戏

这个层面对管理者的要求是非常高的，特别是一些高级管理者，因为管理者是策划目标完成的大脑，需要根据下属的情况和公司的要求，帮助下属找到实现目标的路径和方法，而不仅仅依靠管理的级别，来下达数字化的指令要求。目标制定的沟通与绩效完成的过程辅导是非常重要的部分，也是体现管理者价值的地方，在这个层面，宜慢不宜快，对重要的核心岗位，来回沟通、不断碰撞是常态，如果期望一次简单沟通就可以把实现路径讲得非常清楚，那么大概只有在业务模式非常成熟时才行。对于新业务、孵化业务，大家都在摸索着前进，出现争议是非常正常的。当然，这个是建立在共同的企业价值观及信仰之下的，没有共同信仰的公司，管理层其实很难在目标一致性方面达成共识，所以，绩效管理是使命、愿景和价值观的统一。

3. 核心原则三：沟通要务实、及时，注重过程管理和目标运营，加强辅导与监控

很少看到哪家公司没有目标体系，但是说起目标运营与监控体系，就不见得所有公司都可以交出满意的答卷。目标的过程管理与复盘、目标的全视野管理、目标的关键节点管理，这些都是目标运营的一部分。还有一点要注意，要及时在绩效管理过程中进行赋能与帮助，预警那些低绩效人员，帮助他们回到绩效目标的正常轨道上来。

4.4.3 增强绩效管理落地实施的能力

1. 管理者的绩效管理能力建设是关键

团队绩效管理一个比较关键的点在于管理者本身。管理者应该集中精力关注目标制定、过程辅导、绩效评价与绩效反馈等绩效全流程的完成情况，并需要从以下几个方面来提升自己的绩效管理能力。

（1）管理者要明确目标制定是一个指标对齐、思路对齐、理念对齐的过程，而非简单的耍官威、下命令。

目标源自部门的业务规划及承接的公司战略，来自岗位的具体关键职责和流程职责，以及为了培养下属能力而特别安排的部门内有难度的事项，把握这几点，基本就能把握目标制定的重点。

制定目标，不是简单的行政命令的下达，而是要帮助下属找到实现目标的路径和方法，这就体现了指标对齐和思路对齐的过程。在这个过程中，不断激发下属主动设定有挑战性的目标，促使他们出于意愿，而乐于付出超越职责的努力，并且结合公司的企业文化、价值观做一些引导，这就是理念对齐的过程。有了这几个方面的统一，目标制定就能起到真正的效果。

（2）管理者不能以忙作为借口而忽视对员工绩效的过程辅导。目标设定完之后就不闻不问，到了结果兑现不了的时候就责备一顿，这种做法既伤自己，也伤他人。员工是有个体差异的，很多员工是需要上级及时给予指导和赋能的，对处于成长期的员工和基层领导者，甚至需要对其进行日常的指导和帮助。管理者对下属进行绩效辅导的时候，可以参照以下内容。

明确目标的刚性要求——目标是什么，如果不达标会有什么后果。

明确目前组织目标与个人目标完成的现状——主观＋客观，但是强调主观，弱化客观。华为在这方面有"三讲"和"三不讲"可以参考，即讲主观、不讲客观，讲内因、不讲外因，讲自己、不讲他人。

分析现在具体目标差距有哪些；这些差距是怎么形成的；到目前为止，都做了哪些尝试和努力，结果怎么样；目前还缺哪些资源支撑；他人怎么看待这种情况，这种情况给他人带来了什么影响。

明确目标完成的改进方案——问题的卡点可以通过什么方式来推进解决；除了现在已经尝试的办法，还有哪些新的办法，这些办法有哪些优点和缺陷。

如何行动——下一步具体怎么做，什么时候开始，谁来配合，计划什么时候审查新的进度。

教练式辅导就是手把手帮助，其本质是帮助他人学习、成长。管理者要做催化剂，既不能做简单下命令的甩手掌柜，也不能做包办一切的热心保姆。授人以鱼，不如授人以渔，要教会下属学会思考，学会正确思考和解决问题的方式。因此，在上下级进行工作沟通时，注意要经常做的是问询，而非简单告知，是倾听，而非单方面直接讲述。

另外，过程的辅导也要有过程的监控，呈现关键事项和关键指标的过程数据也非常重要。

（3）管理者不能唯业绩论来评估员工，要综合考量个人绩效，不能只看目标完成情况。在绩效考核周期内应聚焦考核最关键、最优先的工作，但它并不能完全覆盖员工承担的岗位职责。绩效评价应针对员工在组织绩效目标实现中发挥的个人贡献，全面了解员工的绩效事实，这不仅包含当下的个人指标，还有岗位的履职情况及员工付出的超出期望的努力的部分。

对员工的绩效评价要记住以下两条原则：第一，公正、客观地评价员工贡献大小，为合理奖惩提供依据；第二，区分两端，注意识别和管理好高绩效和低绩效员工。

不管是否采用271强制分布（绩效考核中的一种分级考核法，绩效结果分级划分：超出期望员工，占比20%；符合期望员工，占比70%；不符合期望员工，占比10%），在一支团队里，业绩水平一定是有高有低的，绩效管理不是为了出台一次考评结果，而是为了让好的继续保持，让差的可以同步改进，从整体上推动部门的组织能力提升。

2. 个人绩效管理要坚持结果导向原则

个人绩效考核应重点关注结果，但关注的结果不是个人苦劳，而是个人对团队的贡献，并且应该有一个明确的标准。微软总裁萨提亚曾对员工提过三个很科学的问题，值得在设计个人绩效管理时参考："我如何利用公司已有成果提升个人或团队工作效率""我自己做了什么""我帮助别人或团队做了什么"。

部门的存在是否可以为客户创造价值，具体创造什么价值，首先可以从组织架构设置的合理性上去做复盘。其次就是要考虑协同性，如果是以牺牲其他部门利益来为客户创造价值的，那么相当于用公司的利益为自己部门获取收益，这不是真正给客户创造价值。比如销售人员在前期的过渡承诺，造成后端交付困难，那么在绩效考评的时候就需要体现协同部分的要求。

个人绩效管理设计要注意差异性问题，基层员工与管理者在绩效管理上肯定是有所区别的。对于基层员工，要以工作业绩的考核为主，把劳动成果放在第一位，劳动技能放在第二位，要关注其在岗位上短期绩效目标的达成；对于中层管理人员，要关注中长期绩效目标的达成和业务规划的有效落实，并关注团队氛围和员工培养，提高整体的组织运作效率，从而产生更好的绩效结果；对于高层管理人员，可能 70% 考核的是战略贡献，30% 考核的是当前结果。作为高层管理人员，一定要牵引公司前进，要关注长期绩效目标及对公司长期利益的贡献。

考核的形式也要避免僵化和形式化，作为绩效管理部门，敏锐地找到公司在每个阶段应该采取的个人绩效管理模式才是关键。绩效管理应注意不搞一刀切，不搞形式主义。

3. 激励和绩效管理紧密相关

激励关乎绩效考核的有效性。激励的目的是牵引员工挑战高绩效的目标，什么时候该激励，为了什么而激励和怎么样来激励，这是在绩效管理体系设计的时候需要同步考虑的，激励要体现出强烈的设计感。

【案例】谈谈笔者曾经被激励的故事

笔者毕业后进入的第一家公司是一家国企，市场化运作还不错，规模也很大。笔者清楚记得，公司宣传的口号是"事业留人、感情留人、待遇留人"，但是非常遗憾，在工作过程中完全没有体验到。后来笔者加入了华为，才打开了自己对激励的重新定义和理解之门。

2005 年进华为前，笔者每月基本工资是 2500 元左右，被华为录用之后，工资为 7000 元，另外还有 1000 元的补助是发在工卡里面的（工卡可以在食堂和公司超市消费），每月 8000 元的底薪当时对自己而言，无疑就是一笔巨款。所以笔者在华为新人培训期间，非常小心翼翼地完成各种科目，生怕被华为淘汰。

还没有分配到部门，笔者就直接到华为大学参加新人培训，好几个月就只是学习，而且是拿全额的工资，住宿和学习的环境非常不错，而且身边都是从各个名企转投华为的优秀人员，还是新员工的自己心中非常自豪。

完成培训后，笔者去华为 A 区报到，发现 A 区简直和宫殿一样，有明显的大唐古风，而且听说有些办公楼的外墙面是管理者选的，这样的工作环境和氛围是可以产生强力的激励效果的，也能潜移默化增强员工的归属感。

当时，华为提供的个人办公面积非常大，作为一名基层员工，中午可以很舒展地铺开午休床垫而不会相互干扰，每个人还有一个非常大的独立电子密码保密柜。华为那时就为员工提供了内部一站式信息化工作平台，不管申请出差、出国签证办理还是报销费用，实现了全球无缝衔接。

笔者在华为总部工作期间，被部门多次评为季度之星、明日之星，还曾经和团队一起获得过金牌团队的称号，这是非常常规的荣誉激励，但是证书和奖章都非常精美，至今还保留在自己的书柜里。

后来笔者被正式外派到中东北非片区，人事关系就调离了总部，但是人走茶未凉，笔者在华为的第一次配股机会，就是来自之前的总部部门。这是在调离之后配发给笔者的，同时还有底薪的调整，虽然这样会占用调出部门一定比例的调薪和配股额度，但是让笔者深刻体会到了，"不让'雷锋'吃亏"这句话不是忽悠新员工的。多年之后回想起来，才理解到华为人力资源管理的厉害之处。

工资、奖金、股票分红，这些是华为员工的收入来源，这些物质激励配合荣誉激励体系，构成了华为较为立体和全面的激励体系。华为荣誉激励体系如图4.5所示。

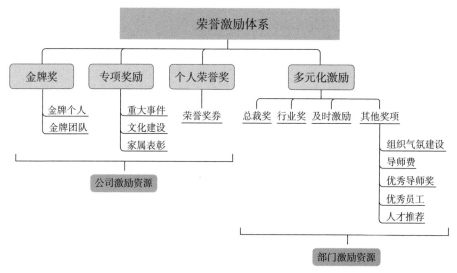

图4.5　华为荣誉激励体系

📑 **【案例】华为的各种奖励**

荣誉型激励。"金牌个人"是华为个人荣誉激励的最高成就，每年获得此荣誉的员工比例极低，部分特别优秀的金牌个人可以回到总部和任正非合影座谈，绝对是万里挑一；"艰苦地区奋斗奖"是公司颁发给在海外艰苦地区工作连续满3年或累计满5年员工的奖项；"明日之星"是通过组织各部门民主评选产生的，只要被大部分同事认可，即可获选。

特别事件型奖励。2014年10月，华为董事会做出决定：将反腐败所得的3.74亿元人民币平均发放给在职员工，以奖励那些遵纪守法的员工。2015年10月，公司通过各项管理改进活动，共节约了管理成本3.28亿美元，华为经营管理团队于2015年9月24日做出决议：拿出1.77亿美元奖励员工。

业务型的总裁嘉奖令。2012 年 10 月，埃塞俄比亚电信网络扩容项目 LOT1 中，华为中标 50% 市场份额，并规模进入首都价值区域，规模搬迁现网设备，一举扭转了埃塞俄比亚电信市场格局，经总裁批准，特对北非地区部、公司重大项目部、埃塞俄比亚代表处及相关项目组颁发总裁嘉奖令，予以通报表彰。同时，给予项目组 600 万元的项目奖励，并对在此项目做出突出贡献的项目组关键成员予以晋升，以资鼓励。

特别贡献奖。2015 年 3 月 30 日，科特迪瓦代表处发布通知，奖励深入疫区核心区域工作的 7 名本地员工 "特别贡献奖"，并设立了疫区坚守奖，以在几内亚工作的累计天数为奖励条件（其中出差最短时间为 4 天，最长时间为 285 天），对 2014 年所有在几内亚常驻或出差支持过的公司员工予以奖励，共奖励 175 人（包括我国员工和本地员工）。

企业要善用激励的组合，配合绩效管理，起到牵引员工成长的目的，为此，要掌握三个关键活动。

（1）例行审视、识别内部高潜质人员，结合绩效考核结果，做好人员分类。

（2）依据不同人员的特点，善用各种物质激励和非物质激励的组合，达到最佳激励效果。

（3）定期审视和分析关键人才的激励情况，做好关键人才激励与保留。

4.5　组织建设发力点：重视人才发展

华为的人才培养体系有很多成功的地方，很好地支撑了华为的发展。

4.5.1　有灵魂的新员工入职培训

图 4.6 所示是华为新员工培训的内容。华为的新员工入职培训不是走形式的，而是有明确考核和节点要求的，有非常科学的、不同阶段的逻辑关联。其针对不同的人群，有针对性的设计，比如笔者当时属于销服（销售与服务）体系，就会比一般的职能部门多两个月的培训时间，销服体系的新员工培训包含通用类培训（和其他岗位人员一起进行的封闭文化培训）和二营培训（产品知识培训、展厅讲解实习、客户接待实习），培训形式不仅有军训、课堂学习、参观、演练，还有考核和淘汰，让新员工从各个方面迅速融入公司的系统性学习。

新员工培训要"有形"+"有心"+"有效"

关键词

- 同吃、同住、同学
- 感受文化与融入公司
- 立规矩、树标准
- 了解公司发展与熟悉产品
- 培养空杯心态与快速融入

图 4.6　华为新员工培训的内容

1. 封闭十天的通用类培训

封闭十天的通用类培训是新员工培训的起点，不论什么部门和岗位，所有新员工都要参加为期十天的封闭培训，内部称之为"大队培训"。大队培训采用严格的半军事化管理方式，大家同吃、同住、同劳动、同学习。

四人一间宿舍，每天早起晨练与进行队列训练，固定时间段就餐，晚上统一时间休息，白天安排华为企业文化各个主题模块的学习，晚餐之后也有华为文化案例的学习与讨论，整体强调纪律性，每个人要遵守所有时间节点的安排，节奏非常紧凑。

整个通用培训过程中没有太多要死记硬背的东西，主要要求就是先要认真听，形式为华为资深高管给新员工上各种课，包含华为发展历程和文化的全面介绍，也会组织新员工参观公司重要的基础成就，比如数据中心、无人仓库、自动化的生产加工现场、公司产品展厅等。在此期间，公司还组织了很多内部活动，如辩论赛。华为通过培训导入，让新员工了解华为，并建立初步的规则、纪律意识。

培训过程中的军事教官，多是来自国旗班的退役军人，或者是某知名部队的退役军官，综合素养很高。参加培训的所有新员工都是脱产全薪，公司提供住宿，成本很高，但紧张、团队荣誉感很强的集中培训，能让新员工迅速融入公司，并带着一个非常好的状态走向工作岗位。

2. 销售与服务体系新员工的二营培训

完成通用类培训后，销售与服务体系的新员工要参加二营培训，销售与服务体系是华为比较重要的体系，包含的主要部门有产品行销、客户线、交付服务这三大部门，分别对应解决方案经理、客户经理、交付经理三大一线岗位，其组成了赫赫有名的华为铁三角团队。

新员工完成大队培训后，就马不停蹄地开始了二营培训。二营培训不同于大队培训，二营培训是小班制管理，二十几个人一个班，新员工会在班主任的带领下选出班长、副班长，培训安排早就是计划好的，分别是产品知识培训、展厅讲解实习、客户接待实习。

（1）产品知识培训。二营培训最先开始的是产品知识培训模块。不管新员工来自什么部门，华为六大产品系列都要学，光是培训教程就发了几十本，覆盖全通信领域的产品知识。不仅要学，培训结束后（培训为期两周）还要考试，考试不及格的可能会被淘汰。

这种模式在未来内部人才流动层面也显示出了其价值和意义。培养人才不仅要聚焦当下，也要放眼未来。华为一直在给所有人提供学习和提升的机会，这种意识也会导入新员工培训中，并且通过这种跨体系的赋能，来增强员工的综合能力。回想整个二营培训阶段，当时笔者感觉最难的地方，就是产品知识培训这关，尤其最后的产品知识考试最紧张。但是这让笔者跳出了自己熟悉的领域，以一个更加广阔的视角来看待公司的产品体系，这对笔者后续在华为的发展是非常有帮助的。

（2）展厅讲解实习。培训一环扣一环，新员工熟悉产品后，接下来是进行展厅讲解训练和对真实客户的讲解实操。

新员工实操之前，由展厅的专家老师带领新员工先串讲一遍（中文和英文），老师做完示范，后面就考验新员工。新员工按照中文和英文讲解分成两大组，接到客户参观的任务，组内就随机指派新员工去完成接待讲解，平均每天每人要接待 3～5 组客户，完全是在实战中锻炼相关的产品讲解能力，并且是全产品覆盖。在这个过程中，新员工逐渐熟悉了产品卖点与产品优势，并进一步加强了对公司的认同。这种方式不仅培训了新员工，也解决了展厅专职讲解老师不足的问题，一举两得。

（3）客户接待实习。完成展厅讲解实习后，新员工就要进入客工部实习。客工部主要工作就是承接全球各地客户在国内的接待工作。根据客户级别及费用预算，安排客户在深圳总部及周边进行参观、学习、会议、就餐等事宜。

客户接待看起来简单，其实里面学问很大。通过在这个部门的实操，可以让销售与服务体系的人员清楚地掌握客户接待的全部流程、关键点及相关事项。通过这个培训，这些即将走向一线岗位的人员也能体会到后台人员的辛苦和不易，也为将来自己全球各地客户在国内的接待工作做了预先的演习。

下面结合笔者这些年在中小企业的管理实操和培训咨询经验，讲几点目前很多企业在新员工培训方面的问题。

（1）为了形式而形式，新员工培训设计没有逻辑，不管军训、拓展还是面授，不注意各环节的衔接和过渡。

（2）老板和高层不重视，投入不足，仪式感缺失。

（3）不注重氛围营造，启发式设计缺失，填鸭式强行灌输。

（4）培训脱离了业务与企业文化的内涵。

（5）培训组织形式过于老化和传统。

新员工培训是对新员工进行的第一次企业制度、企业文化的熏陶，同时也是面试淘汰的延伸。人才盘点和人员成长工作，应该从新员工培训就开始重视并管理起来。

新员工培训反映了公司企业文化与管理土壤的厚度，这个和公司规模没有直接关系，几十人的公司也同样可以采取老板与新员工座谈、一起团建等形式，让新员工培训取得好效果，关键还是看公司重不重视。

4.5.2　导师制落地是在岗培训的关键

华为的新员工培训只是华为人才梯队建设非常小的一个缩影，华为人才管理的成功在于组织和系统的成功，除了有新员工培训之外，还有很多立体化和系统化的人才发展机制，而很多模式是值得国内企业借鉴和使用的。下面我们重点来看看导师制。

公司当时给笔者配备了两名导师，一名是部门骨干段老师作为业务导师，另一名是自己的主管武姐作为思想导师。而且那个时候，公司倡导全员导师制，要求大家主动去帮助那些需要帮助的人，华为的导师在这样的组织氛围下会更加用心地教导新员工。

业务导师会给笔者申请各种信息系统使用权限，带笔者熟悉周边的情况，给笔者讲解具体工作流程和内容，带笔者熟悉相关部门的人员。每周，业务导师会制订详细的计划——跟他学哪些业务，自己要看哪些资料，具体输出什么工作成果等，其会对笔者的输出进行点评和过程辅导，还会手把手指导笔者如何使用各种系统，甚至逐字逐句审核笔者编写好的邮件。

思想导师会跟笔者定期沟通学习进展和状态，同时二级部门的领导也会定期组织新员工的座谈会，了解目前新员工的工作状态并答复一些疑问，每个大部门还会聘请外面各大院校离退休的老师和新员工谈话、聊天，让新员工感受到无处不在的关怀。

华为会让新员工在岗位上锻炼和实操，并且不怕新员工犯错。导师会鼓励新员工大胆陈述自己的观点，就怕提不出问题，但凡新员工张口问，必然会得到详细耐心的解释。笔者每周要写一次总结，主要是针对本周学习和实操案例的一些分析，这个机制笔者后来带到了其他公司，效果还是非常不错的。

华为的导师对待新员工有这样的耐心，除了华为内部氛围好、员工素质高以外，还和华为的导师考核激励机制有关系。

笔者导师的季度绩效考核里会包含新员工能独立工作的指标要求，笔者主管的半年度绩效考核里包含部门新员工成长的要求，这是在绩效考核上对导师制落地的保障。另外，从组织发展的角度来说，能成为导师就标志着能力获得了认可，成为导师才有向上发展的可能性，最直接的个人收益是有了徒弟接班，当师父的才能外派海外，升职调动，这也是一个人才流动的良性机制。

很多公司也在落地导师制，但是因为管理层不重视，导师的责、权、利不清，绩效考核和激励机制牵引不足，体系缺乏考核监督，所以流于形式。根据以往经验，笔者总结了导师制落地5步法。

第一步：导师标准与人选确认。

不同层级要配置不同的导师。导师可以是新员工的直接主管和部门的业务骨干，综合考虑他们的工作年限、绩效结果和业务熟练程度确定。导师的名单一旦确立，由业务部门上报至人力资源管理部门审核。同时，业务部门需要拟定导师管理制度，包括导师的个人激励方式（如伯乐积分、徒弟转正补贴、徒弟考评结果关联导师考评、年度优秀导师评选、晋升机会、各种培训机会等）和管理标准。

第二步：导师职责确定。

（1）入职指引。帮助新员工安排工位、领取办公物资；介绍部门人员；指引周边餐饮、交通环境；和新员工谈心，使其尽快融入公司。

（2）业务指引。导师在新员工入职第一个月的具体业务指引事项参考如下。

入职第一天：介绍新、老员工相互认识，留存彼此联系方式，熟悉部门和公司组织架构及相关业务往来部门人员、工作方式。

入职一周：公司规章制度及岗位所需的理论基础知识学习。

入职第二周到第四周：熟悉产品知识、业务流程、业务知识，并在每个环节设置详细的学习内容和考核。

（3）文化指引。介绍公司愿景、使命和核心价值观，介绍公司发展情况，带领新员工参与公司员工活动，文化手册学习，公司内刊阅读。文化指引不仅仅是公司文化展示，更重要的是思想上的排忧解难，要及时发现、肯定新员工的优点。这一部分主要是自学＋案例，由人力资源管理部门提供相关材料。

第三步：组织针对导师的培训。

让导师知道自己的职责和常用的培训方法，让导师学会进行案例总结输出和教练式辅导。

第四步：给新员工分配导师，人力资源管理部门进行记录和跟踪。

分配导师最好在新员工入职前就完成。

第五步：导师考核与结果认定。

新员工要对导师进行评价，分别针对导师在入职指引、业务指引、文化指引阶段的完成情况和满意度进行评价打分。新员工的转正答辩结果也非常重要，应与其对导师的评价一起作为导师绩效、激励和补贴的评价依据。

4.5.3　任职资格是员工能力建设的导航仪

任职资格管理体系在人力资源管理体系中有着独特的意义和价值。任职资格的作用如下。

（1）可以为企业招聘和录用员工提供输入的标准。

（2）可以消除绩效考核关注的中短期目标的弊病，牵引人员做长期能力建设。

（3）可以与薪酬激励体系联动，让薪酬调整有标准。

（4）可以与员工发展联动，让员工明确发展方向，明确内部升职标准，让员工从被动学习转向主动学习。

（5）可以与人才盘点联动，提供更加全面的人才盘点依据。

华为在绩效管理和任职资格管理方面的做法如图 4.7 所示。

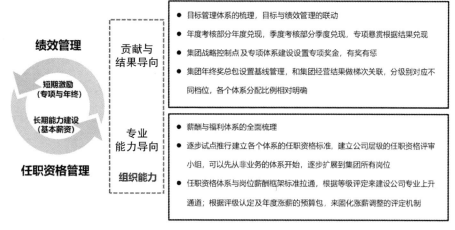

华为绩效管理与任职资格管理：从结果与能力两个方面牵引员工发展

图 4.7 华为在绩效管理和任职资格管理方面的做法

1. 华为任职资格管理的实施过程

华为任职资格管理体系是从 1998 年开始引入的，得益于合益管理咨询公司的帮助。在这个阶段，华为完全按照咨询公司的相关指导进行运作，双五级的专家通道和管理通道也是始于此，各个部门都在咨询公司方法论的指导下完成了相关职位的任职资格标准。但是，到底如何和员工的晋升做强关联，那个时期是没有强管理导向要求的。

任职资格管理的全面推进，也是人力资源体系升级管理模式的一个反映。华为的人才发展和薪酬模式始终建立在岗位价值贡献的基本原则上，然后以"以岗定级、以级定薪、人岗匹配、易岗易薪"作为基本指导方针。这样的机制有利于培养专家型人才。

后来，任职资格管理的模式随着华为的发展也有了调整和变化，笔者简单总结如下几点。

（1）通过信息化的方式进行整体流程的控制。员工自己申请符合自己现状的任职资格等级，并且可以清晰看到自己流程的进度，所有的材料也可以直接通过系统上传和评审。

（2）简化流程。多数情况下，中低职级（1～3级）不需要现场答辩，也不需要花时间写材料，一般到岗半年之内都可以获取相应的任职资格等级；对于4级以上的，需要时间去准备。这个对社会招聘也好，还是转岗也好，都一样适用。而且人员到了新岗位之后，如果有能力，可以直接从原有岗位的级别去申请新的岗位级别，比如从再来的招聘岗位的3级可以申请绩效岗位的3级。不过，申请过程会比较长，特别是海外，90～100天都很正常。

（3）人岗等级相对原来有所提升。例如，技术系列很多岗位任职级别最高可以到8级，意味着对应的人岗等级可以到23级以上。这体现了以岗位价值来进行收入分配的基本原则。

（4）管理级别认证比较少，主要以专业任职为主。

（5）公司大致有14个专委会，按照职位大类区分，每个专委会都管辖几套到几十套的任职资格标准。

（6）现在的任职级别与人岗等级的设定不像过去一刀切了，由各级组织的一级行政管理团队来决策，专委会只提专业意见，最终决定权在行政管理团队手中。

（7）当前华为认证有两种组织形式：一种是明确认证环节的时间和规范要求，员工随时提交任职申请；另一种是认证申请时间、答辩时间、结果公布时间公开透明。

（8）承接任职资格的主体也有所变化，人力资源共享中心通过信息系统会承担更多相应的责任。

2. 学习华为任职资格管理应避免的误区

华为每一项所谓的管理创新一定是针对公司那个时候出现的普遍管理问题制定的，有明显的华为特征和时效性，效果好。这是我们最后看到的结果，其间经历了很多修订。就像任职资格管理，华为从引入外部咨询，到可以覆盖所有岗位，形成符合华为自身特点的任职资格标准管理架构，前后用了十多年的时间。

企业规模不同，面临的问题差异就会很大。华为每项机制背后的管理成本其实是非常高的，但依靠其强大的信息系统和平台支撑，这种隐形成本是可以摊薄的。而反观中小企业，人员能力不足，信息系统不完善，因此，要避免直接盲目引进实施，要根据管理现状、急需解决的实际问题循序渐进推进实施，在初期可以采用简单、有效的管理改进办法。

同时，华为的任职资格管理体系是一个庞大的系统。仅任职资格本身的管理就涉及标准的制定和更新、相关的评审组织，这本身就是业务与人力系统融合对接的复杂事宜，更不用说那些数量庞大的不同等级工作过程的标准确定。

另外，任职资格管理体系还需要与人力的岗位评价、绩效考核、培训提升、薪酬激励系统等进行交互和配合。如果仅有任职资格管理，在其他模块上缺乏支撑，那么最后的落地也会出现很大的问题。

因此，企业应首先搞清楚自己实际发展所处的阶段，管理处于什么水平，设置任职资格管理体系要达到的目的和达成的目标是什么，切忌这些都没有想清楚就着急上马实施。

笔者认为，企业存在以下几个问题时不适宜做任职资格管理体系。

（1）企业还处于没有稳定盈利预期和没有成熟的商业模式阶段的时候。

（2）企业各个体系的管理水平还处于较低水平的时候。

（3）企业整体薪酬体系和分配机制还不稳定，或者还没有想清楚的时候。

（4）企业组织架构还处在不断调整状态。

任职资格管理对企业组织管理、人员能力、盈利能力的要求都是很高的。没有稳定的组织架构、人员能力达不到要求，企业是很难按照流程去完成任职资格标准设计的，更不用说聘请外部管理咨询公司去做这些事情了。就算咨询公司可以全部包揽，企业没有一定的管理成熟度和人才密度，拿到手的就是一套复杂的表格，无法落地。

3. 实施任职资格管理的正确做法

想清楚实施目的，评估好内部管理落地的环境后，怎么做任职资格管理体系呢？这里，首先要从"找对人"做起。"找对人"包含找以下对象。

（1）合适的外部咨询机构和管理顾问。

（2）合适的内部项目组成员。

（3）合适试点的体系或者部门。

首先，大部分企业刚开始决定实施任职资格管理体系的时候，如何找到合适的外部教练是一个比较大的问题。笔者的建议是选择外部机构作为辅导，一定要看其有没有类似的成功案例，而这个案例一定是基于同行业的。否则，外部机构进场后因为缺乏对行业的基本认知，还要再和公司项目组成员学习，在标准体系界定上因没有现成的可参考依据，双方之间会消磨较多的精力，花费较多的时间成本。

其次，如何选择内部成员进行任职资格管理体系的落地也是一个非常大的问题。任职资格的设定不是人力资源管理部门单独可以完成的，人力资源管理部门在某种程度上还不一定是主力部门，这一定是核心高管要关注和支持的事项。对创业公司而言，内部项目组成员一定要有最高领导和决策层直接参与，才能推动这项工作顺利落地。任职资格管理体系应用有两大主要部分，一个涉及绩效管理，另一个涉及薪酬体系，需要有最高决策层对标准进行审核和判定，只有较熟悉公司整体情况的最高决策层参与其中，才能保证效果。

最后，任职资格管理体系建设肯定不是全体系展开，一定是分部门和分时间段逐步铺开。任何一项革新都需要一定的磨合期，并不是一开始弄得大而全就是好事。遵循由易到难的原则，选择条件最成熟的部门首先实施，总结经验，经过验证后再逐渐推广是比较好的做法。

解决了"找对人"的问题后，接下来就要研究在实施任职资格管理时如何"做对事"的问题。实施任职资格管理的首要目的，是要解决公司目前在人力资源管理上与业务发展不相适应的问题。但管理上没有绝对的对错之分，往往适用的就是正确的。任职资格管理体系的建设，每个行业、每家公司都会有不同的要求，其中任职资格的标准建立是关键。

任职资格和绩效管理实现的目的是有底层差距的，很多公司希望往任职资格里面装很多绩效考核的要求，那么标准不就更加清楚了吗？其实，任职资格更关注行为和工作过程标准，以及与能力相关的专业知识与专业反馈。任职资格是要把具体的岗位工作过程中的技能通过关键行为表现出来，即可以评价与衡量。同样一件事，一般的人员需要处理 2 小时，专家估计 10 分钟就可以搞定，这就是能力在具体行为上的一个差异，这个事情不能完全用 KPI 来衡量。

任职资格不等同于岗位晋升。任职资格只是岗位晋升的一个必要前置条件，并不是有了任职资格就一定会有升职和加薪，达到任职资格只能说进入了可能升迁的候选，具体升迁还要根据公司职位和薪酬包的预算情况来定。

任职资格管理体系可以有效拉动人力资源各个环节联动，但是企业需要有一定的实施基础，不能盲目照搬，一定要结合实际情况来量身定制。

4.6　对发展中企业的人力资源变革建议

人力资源变革切忌求大、求全，建议采用逐项落地、梯次推进的模式。人力资源变革不同于业务变革，不会立刻显示在直接的经营结果上，但是人力资源变革会成为公司发展强大的发动机，是组织稳定发展的重要保障。人力资源管理模块非常多，也较为专业。那么，一般发展中的企业应该选择从哪些方面入手进行人力资源变革呢？结合笔者的管理辅导经验，给大家如下的参考意见。

1. 任职资格管理与绩效管理建设并重

绩效管理关注中短期目标达成，任职资格管理关注长期能力建设，这两个体系是非常重要的公司基础管理体系，应该相辅相成。

绩效管理包含目标制定、过程辅导、绩效评价和绩效反馈四个部分，拉通了公司的战略和执行，是公司运行的基础。

任职资格管理体系建设的一个核心目的是打通员工的专业发展通道，让员工能力评价有据可依，并且把这种评价和员工发展与薪酬调整进行关联。这是公司职业化管理走向成熟的必然要求，会和岗位价值评估有直接的关系，也是公司薪酬体系的重要基础，是发展中公司需要优先考虑的人力资源变革专项。

2. 不断升级招聘体系

招聘体系的建设只有起点，没有终点。企业应从社招、校招、内部推荐、猎头管理、社交性招聘等各个维度来进行招聘渠道的整合与优化，并结合前面讲的任职资格标准，不断刷新目标人群的特征及锁定目标人群的获取渠道，从人工信息获取和判断，慢慢走向信息化和集成化的管理模式，让流程和信息化工具替代手工的事务性工作，把与人的沟通和交流作为招聘的重点工作。

3. 不断升级人效管理效率

基于公司的收入、利润情况，构建人力成本管理的各种基线，把人力成本与公司业务发展动态关联，在动态的发展过程中，消除人员的数量和质量的矛盾，解决效率和规模的冲突，帮助公司守护好经营压力下的人力成本底线。

4. 不断刷新人才的标准：我们需要什么样的管理者与专家

人才标准应该是不断迭代的，华为从资格（业务经验、海外经验、管理经验）、绩效结果、能力（岗位的核心能力和学习能力）、核心价值观（品德、使命感、组织文化管理）四个层面来构建不同层次的人才标准，形成了不同人才梯队的选拔依据。

效仿华为，企业应该根据行业的特点和自身发展阶段，不断迭代、更新自己的人才标准。

第五章

文化力是企业经营的凝聚力

5.1　学习华为企业文化，要找到关键对标点

企业文化就是"取之于经营，服务于经营"。

很多员工对企业文化没有什么具体感知，总觉得愿景、使命、价值观距离日常工作甚是遥远，所谓规章制度、员工守则，只要注意不犯错就好。这是很多公司企业文化现状，企业文化建设流于形式与表面，基本停留在视觉形象和行为制度感知层面，甚至有时候基本的制度都是缺失的，距离"精神、理念、感悟"的差距就更大了。具体到企业的每一个人，他们对企业文化的理解和需要都是不一样的。但是企业文化建设得好的公司，其员工的气质都非常相似，这是源于优秀的公司在"目标一致、行动一致、价值观一致"方面长期影响的结果。

多年以来，华为始终坚持自主研发，"坚持以客户为中心、以奋斗者为本，长期艰苦奋斗，坚持自我批判"，抵制外部的各种诱惑，踏踏实实做产品，服务客户，长期把大量的利润投入研发，增强自己的核心竞争力，对内则不断优化管理结构。华为特别强调企业文化不能脱离公司经营和公司商业成功的本质，这才是其他公司对标学习的核心。

5.1.1　理解华为企业文化的四个关键词

从四个关键词可以看出华为企业文化的经营属性，也可以更好地辅助我们理解华为企业文化的底层逻辑。

关键词一：低调务实

笔者刚加入华为的时候，华为内部就流传着华为有三大"傻"，具体是哪三大傻也没有进行官方考证，依稀记得是和我们的工卡相关，诸如"出门带工卡""加班不刷卡""吃饭就亮卡"这类的。当时华为为方便员工日常生活及公司客户接待，和深圳的很多景区、酒店、餐厅都签署了华为员工的服务协议，出示华为工卡是可以打八折、九折的。而且很多华为新员工也觉得加入华为是非常有面子的，所以走到哪里都习惯性展示自己的工卡，购物的时候经常问商家"华为员工打折吗"，结果闹出很多笑话。

笔者的主管告诉我，在华为就是踏踏实实地做事，当一个华为人没有什么值得在外面炫耀的，而且在当时的竞争态势下，华为内部明确的市场竞争导向是保持通信供应商第二梯队的领先优势，称呼竞争对手为"友商"，不允许盲目去争夺"××产品第一"的市场位置，那个时候，任正非是拒绝一切媒体曝光的，也不允许公司员工随意接受外部的采访等，再加上华为的资料是严禁员工外传的，华为对外部始终盖着一层神秘的面纱。业务策略上的谨慎、华为人质朴的工作习惯，形成了内部讲究实效和低调的氛围，并且影响了很多华为员工，正是这种低调和务实的精神，才让华为在浮躁的外部竞争环境中保持着清醒的头脑。

关键词二：灰度（开放、妥协和灰度）

这是华为至高的管理哲学，也是华为文化中对笔者个人影响较大的部分。任正非曾指出："领导人重要的素质是方向、节奏。他的水平就是合适的灰度。清晰的方向，是在混沌中产生的，是从灰色中脱颖而出的，而方向是随着时间与空间而变化的，它常常又会变得不清晰，并不是非白即黑，非此即彼。合理地掌握合适的灰度，是让各种影响发展的要素在一段时间内表现和谐，这种和谐的过程叫妥协，这种和谐的结果叫灰度。"

灰度不是无原则的包容和打太极拳，不是无原则的妥协和折中，更不是和稀泥。灰度的修炼就是心性的修炼。关于灰度，笔者总结出以下三点。

（1）以灰度来识人和用人，就是摒弃非黑即白、爱憎分明的思维方式，用人之所长，用人之所宜，不轻易给人下结论、下定语，从长期发展的角度来考量一个人。

（2）抓组织发展中的主要矛盾，甚至可以把内部矛盾变成团队前进的动力，正确看待组织发展过程中遇到的各种矛盾和冲突，挑战即机遇，塞翁失马，焉知非福。

（3）用灰度来培养和选拔干部，高管就要具备心胸和格局，比如处理犯错的下属，明处高举拳头，私下轻轻安抚，既不一棍子打死，也不放任纵容，对事旗帜鲜明，对人宽容大度。

笔者在华为的时候，曾经和当时的主管发生过激烈的业务理念冲突，笔者甚至实名投诉到了干部部，这样的管理问题在很多公司都很普遍，实际的情况是当时双方处理问题的方式都欠妥，属于管理沟通类型的问题，并没有实质性的业务影响。最后的处理结果是笔者调离现在的部门，去往一个新的区域负责一个新的部门，主管继续担任现职，公司不对投诉做结论性的回复，部门其他人员也不知晓具体细节。发生这件事很多年后，笔者觉得这种处理方式也是最合适的，两个人显然已经不能在一起工作了，双方都有责任，双方也都是公司的骨干，处理笔者就意味着有失公平，处理主管就会影响后续部门的长远管理，这对公司其实都是损失，调离笔者其实是一种灰度的处理方式，也可能是对公司影响最小的办法。

关键词三：力出一孔，利出一孔

这不仅是企业文化的提炼，也是华为经营策略的精华，用几句话来概括就是"聚焦在自己优势所在，充分发挥组织的能力，以及在主航道上释放员工的主观能动性与创造力，从而产生较大的效益"。

这其中有一个很重要的业务逻辑：什么样的市场机会才是最适合你的，最适合你去发力的，**商业成功＝好的产品＋有效客户资源＋合理运营**，但是很多时候，大部分公司对自己的判断是盲目乐观和自信，在以上三个条件只满足一两个的时候就急于求成，抵制不了机会诱惑，分散自己有限的资源去险中求胜。赌徒心理或许有一线成功的可能，但是这不是公司长远稳定发展的逻辑。

华为早期提倡的压强原则和竞争策略就是基于"力出一孔"提出的。以无线产品为例，从 2G 的跟随，到 3G 取得局部技术优势，再到 4G 的全面超越和 5G 的绝对引领，这里面处处能体现"力出一孔"的巨大作用。

同时，华为坚持"利出一孔"的原则，反复强调从最高层到执行层的全部收入，只能来源于华为的工资、奖励、分红及其他，不允许有其他额外的收入，从组织上、制度上，制止了从最高层到执行层个人谋私利，通过关联交易掏空集体利益的行为。

反观很多创业公司在发展初期确实能保留初心、上下同欲。随着公司发展起来后，既定的战略开始出现摇摆，在既有利益面前，核心高管开始出现分歧，甚至出现严重的内部腐化问题，如利用公司监管和制度的漏洞为自己谋取利益。很多公司不是倒在冲锋的路上，而是亡于内部的管理混乱。

关键词四：深淘滩、低作堰

这是华为商业智慧的集中体现，非常值得企业管理者去认真揣摩。深淘滩，就是确保加大核心竞争力的投入，确保对未来的投入，即使在金融危机时期也不动摇；同时不断地挖掘内部潜力，降低运作成本，为客户提供更有价值的服务。低作堰，就是节制自己对利润的贪欲，自己留存的利润低一些，多让利给客户，不要因为短期目标而牺牲长期目标，以及善待上游供应商。

华为不追求利润最大化，认为这是透支未来和伤害客户长期价值。2008年金融危机后，全球各大运营商都在削减网络建设预算，各大运营商都在并购整合，全球价格呈现透明化及利润壁垒被不断突破，再加上通信资费的不断下降，直接导致了采购设备和网络建设的需求大幅度减少。

在这种态势下，华为没有采用价格战的方式维护商业利益，开始从运营商的角度，思考怎么从客户角度出发去帮助客户降低投资和运营成本，通过主动诊断客户网络问题，帮助客户采用降低设备运行功耗和提高效率的低成本运作方案，在这个过程中也强化了自己技术的针对性，这就是典型的"深淘滩、低作堰"的具体应用。

华为很早的时候就提出，单靠技术壁垒取胜的时代很快要转变为靠管理取胜，战略的投入和市场规模的扩大的目的是将原有的成本摊薄，并能持续把成本控制住，这样的市场才有可能真正产生效益。

反观很多昙花一现的互联网创业公司，野蛮式增长，发展过程中不注重打磨自己的产品，肆意损害产业链上下游关联方的利益，忽视内部管理水平的提升，在这种情况下，再好的商业模式也是无法持久的。

5.1.2 华为核心价值观的启示

1. 正确理解"以客户为中心"

华为的制度化、流程化、平台化运作非常完美，在行业内堪称楷模，是很多公司对标学习的重点，但是当客户利益与固化流程出现冲突或者偏差时，我们该如何做选择？

📄 **【案例】华为全力做到以客户为中心的真实故事**

某南美大国的无线运营商，为了一劳永逸地解决网络建设成本、运营及专利支出的问题，下了很大决心，决定进行整个网络的技术更迭。华为在进行这个庞大项目投标的时候，关于南美无线频段所需的技术还并不成熟，很多基站产品还未完全研发成功，处在生产线的试运行阶段，其稳定性需要进一步验证和优化，量产产能也有待提高。

因为项目运作保密的需要，一线团队在项目不明朗的情况下是不方便把相关信息传递到研发与供应链体系的。那个时候，华为已经有了很系统的计划（研发计划、市场计划、生产计划、采购计划于一体的模式）管控体系，一线需要提前将客户需要的产品数量报回公司做相关物料的安排（总部会根据一线的预测每个月做向前滚动18个月的各种物料需求计划的下达），而对于这种未完全发布的新产品，物料的提前采购按照流程来说是非常严格的（因为产品不稳定，采购的物料会有报废的风险）。

一线经过几个月的投标，获得了订单，消息传到后端，大家喜忧参半。按照研发与供应流程，这个项目把可能犯的错都犯了。一线提前给客户承诺了还在研发末期的不成熟产品，虽然订单拿到了，但实际产品的研发进度、物料准备与批量生产都存在无法保证的风险，而且，生产工艺和产品性能的稳定性也存在问题。

公司紧急成立了高级别的保障小组，围绕"以客户为中心"的目标开始高速运作。这个项目让研发、生产体系很多人员彻夜加班，也让一线项目人员在客户面前不断斡旋，高层领导更是常常在深夜与拉美那边进行协调和商议。虽然过程中小组成员难免会互相埋怨，但是大家目标一致，就是要完成这项看似不可能的任务，为华为无线产品进入拉美市场打赢这关键的一役。为抢交付时间，仅针对运输周期和运输方式的细节就反复做了多次优化。

最后的结果是，这个看似不可能完成的项目，经过几个月的奋战，如期签约和交付了。笔者在整个过程中被深深震撼了，让笔者在现实中体会了"胜则举杯相庆，败则拼死相救"的真正含义。

从上面这个案例，我们可以反思得到以下经验。

（1）"以客户为中心"不是单纯销售部门的事情，公司需要有机制来保障各个体系能通力协作、互相理解、及时补位。"以客户为中心"应该是一个系统化、全流程的运作。

（2）"以客户为中心"不单是口号上的呼应，还需要公司在相关资源上的持续投入和保障，靠单个部门或者人员的辛苦是不可能取得全局性的胜利的。

（3）"以客户为中心"强调奖惩对等，既要重奖有功之臣，也不能忘记铺路之人。

（4）"以客户为中心"也要注意不能随意破坏制度与流程的权威，在某些阶段用灰度的视角来看待二者之间的平衡。

（5）"以客户为中心"，看重结果、看重功劳，如果只有过程和苦劳，那是没有价值的。

"以客户为中心"既是感性的，也是理性的；既要有过程，也要有结果。公司发展初期要尊重客户，就算做到行业第一了，也要敬畏客户。在这个过程中，管理者首先要不断强化和认同这个理念，更要践行。公司的管理层应该做到以下几点。

（1）公司做管理决策的人员要多接触客户，多接触一线的业务场景，不要追求排场和形式，多和客户坐下来讨论实际的问题，了解客户的痛点。华为手机业务曾经一度要求核心管理层去手机销售的门店参与售卖手机，就是这个逻辑。

（2）不要以为自己的小聪明可以糊弄客户，不要以为客户比自己笨，贴合业务场景和客户谈他们的需求，脚踏实地地为客户做好服务。

（3）管理层要开放和包容，同时保持冷静和客观，保持对客户的敬畏感，多深入学习、独立思考和对不确定性的谨慎，向客户学，向竞争对手学。

2. 以奋斗者为本，长期艰苦奋斗：奋斗是一种个人选择

2010年，华为被媒体推到了风口浪尖，各大媒体纷纷聚焦华为内部推行的要求员工签署奋斗者协议这一热点事件，有些媒体的标题竟用"令人发指"来形容奋斗者协议里的一些内容，很多人事关系方面的专家也纷纷站出来，指责华为在挑战劳动法，因为奋斗者协议要求华为员工"放弃年休假、陪产假和非指令性加班。"

外部很热闹，华为内部却很平静，当时"奋斗者"是需要申请的，不见得每一个申请人都会被获准成为"奋斗者"。笔者那个时候刚从海外回

来，虽然对于"放弃年休假、陪产假和非指令性加班"有一点担心，但是本着相信公司不会让"雷锋"吃亏的原则，签署"奋斗者协议"的时候没有丝毫犹豫，后来事实也证明了，年假和陪产假没有受到影响（华为每个月的最后一个周六是要上班的，一年有 12 天年假，在年末的时候可以转成第二年的年假，也可以申请换成双倍的加班工资），除非真是有项目需要，笔者没有听说哪个同事的陪产假被强制取消。至于说非指令性加班，其实华为内部有加班的文化，大家习惯了，也就不觉得这个有特别大的问题。

那个时候，华为人不怎么关注外界说的华为是在侵害劳动者权益，我们反而担心公司如果不批准我们的申请怎么办。这些声讨华为的机构是不会给华为员工发股票、发奖金的。其实有时候，员工的诉求很简单，只要付出和回报成正比就是好的选择。

"什么叫奋斗，为客户创造价值的任何微小活动，以及在劳动过程中，为充实提升自己而做的努力，均叫奋斗，否则，再苦再累也不叫奋斗。"华为明确了对奋斗的定义，并提倡和强调思想上的艰苦奋斗。思想上的艰苦奋斗是勤于动脑，身体上的艰苦奋斗只是手脚勤快。具体表现在工作场景中就是：多思考客户怎么突破、产品技术怎么领先，如果对客户没有价值，加班反而增加了公司的行政成本。

笔者经历过两次海外外派，在华为，服从岗位调动就是践行长期艰苦奋斗最好的举证。一声令下，2000 名华为研发人员就可以放下温暖的小家奔赴一线转岗成为销售体系的人。尼泊尔地震、日本海啸、新冠肺炎疫情，到处都有华为人维护客户设备的身影，高到喜马拉雅山，远到冰雪覆盖的南极大陆，只要有客户需要通信，就能看到华为人的身影。华为人是普通人，是什么让他们如此敬业，其根源就是华为可以以"奋斗者"为本，这意味着公司优势资源在向"奋斗者"倾斜，没有后顾之忧的"奋斗者"当然会全力拼搏，不仅为了公司，也为了个人美好的生活。

📑【案例】吃好喝好才有战斗力，华为是这样解决奋斗者的后顾之忧的

笔者海外常驻的第一站是埃及。那个时候，每次去食堂吃饭是需要自己掏钱的，虽然我们的海外补助里面是有餐补的，但是去食堂吃饭还是有点贵，有些员工就选择自己在宿舍做饭，经济成本降下来了，但是时间成本增加了。

华为从 2008 年年初开始，在全球正式推行食堂免费供应机制，而且保质保量，用一切可能的条件保障海外员工的后勤生活，此后再也没有人去超市买东西自己做饭了，宿舍的厨房被彻底抛弃了，反而办公室加班的身影多了起来。

总部的加班人员也可以去食堂免费领取夜宵，加班太晚还有专车接送回家，或者住在公司自己的酒店。

华为不仅让员工的吃喝住行得到了保障，而且为员工配置了完整的商业险。为吸引大家去海外工作，华为设置了丰厚的海外补助机制。

笔者当年的驻外补助是每月税后 9000 元人民币（离家补助），另外根据派驻国家的情况，还有艰苦补助（一天 0～50 美元不等，根据当地经济情况来定），有战争的国家还会有战争补助（差不多从 70 美元到 300 美元不等），随"军"家属都可以获得每天 15 美元/人的补助。我们那个时候互相开玩笑，每天睡着都在挣钱。另外，升职、加薪、配股权的机会也会向艰苦区域和一线部门的人员倾斜。

企业在学习华为奋斗者机制的时候要注意以下几点。

（1）激励与福利保障体系要量力而行。华为一直有严谨的财务预算体系，所有给员工的福利保障和物质回报都来源于项目利润和公司收入、现金流。企业在对标学习过程中要结合行业情况和自身的盈利水平来具体考虑激励设置。

（2）核心员工和核心岗位一定要舍得投入，情怀不能当饭吃，提倡什么就要让员工能够切实感受到。

（3）企业在开启奋斗者识别模式的时候，一定要注意员工是否高度认同企业。华为内部签署奋斗者协议比较顺畅，是因为绩效考核体系、福利保障激励体系、员工敬业度与对公司的认同度各个方面都非常成熟，不适合其他企业完全照搬。

（4）学习华为以奋斗者为本，关键在于企业要接受员工是多样性的这一客观事实。企业有管理层、有专家层，也有很多职员层，在管理上不能搞一刀切，应该给员工选择的机会。只要工作质量可以保证，"朝九晚五"也是允许的。在华为，员工不愿意外派出国，自己接受不升职和涨薪，公司也能为员工提供一份工作的保障，并且不会有内部歧视。

（5）企业经营不佳的情况下，企业核心高层首先要反思经营和产品策略，不能把希望寄托于基层员工的忘我奋斗。

3. 坚持自我批判

华为的自我批判有着长期的历史传统，是华为内部管理上非常重要的纠偏机制。华为开展自我批判的目的，不是要华为人去专心致志地修身养性，或大搞灵魂深处的革命，而是要求华为员工不断地去寻找外在的、更广阔的服务对象，或更有意义的奋斗目标。因为人的内心世界多么高尚、个人修炼的境界多么超脱，别人是无法看见的，更是无法衡量和考核的。公司唯一能够看见的，是员工在外部环境中所表现出来的态度和行为，是否有利于公司建立一个合理的运行秩序与规律；是否有利于去除一切不能使先进文化推进的障碍；是否有利于公司整体核心竞争力的提升。

华为自我批判从公司运营和实际效率提升的角度出发，要求所有华为人从思想意识、行为举止、组织效率的层面去做反思和改进，这才是学习华为自我批判最核心的逻辑。自我批判是华为业务不断取得突破的制胜法宝，而这种成功的经验又不断改良管理的固化机制。经过多年的运作，华为在内部形成了丰富，并且卓有成效的各种自我批判的固化形式和丰富产出。

早期华为因为一个重要项目的投标失利，启动了市场部大辞职，所有市场部任职干部，从市场总裁到各办事处主任无一例外，都向公司提交了两份报告，一份是就职报告，主要检讨当年年度工作，提出下一年的工作计划，另一份是辞去正职的报告。在两份报告中，公司根据个人的实际表现、发展潜力及公司需要，批准其中一份，这种壮士断腕、勇于自我否定的举动造就了后来优秀的华为销售铁军。

在 2013 年的市场大会上，华为颁发了"从零起飞奖"，对未达到 2012 年市场目标的高管团队（2012 年也是华为历史上少有的未完成既定年度目标的年份），在现场践行"不达底线目标，团队负责人零奖金"的承诺。这涉及华为两大新业务板块：消费者与企业网的核心管理团队。获得"从零起飞奖"的高管中就有大家比较熟悉的华为手机当家人余承东。知耻而后勇是华为高级干部的一贯作风，余承东当年在业绩承诺上放了一颗卫星，但是他用了不到 5 年的时间就完成了华为手机的华丽转身，这就是华为自我批判效应的完整闭环的体现。

华为内部还有心声社区、民主生活会、管理干部自律宣言、《管理优化报》等很多种形式多样的自我批判的活动，反映在管理成果上，就是通过自我批判形成了很多具有华为特色的管理提纲。比如早期的华为十大内耗的研讨、华为干部的八条要求、华为的十六条军规等。有批判，更重要的是有输出。

公司如何对标去学习自我批判，笔者认为需要做好以下几点。

（1）自我批判必须达成形式与结果的高度统一。自我批评不仅仅是个人态度和意识层面的认知，更多的是通过实际行动来改善相应的结果。华为研发体系曾经做过"反幼稚"大会，也曾把研发的呆死料作为奖品发给相关人员反思产品研发逻辑，在这些形式的背后，紧跟着的就是后续相应的改进计划及目标设置，"知耻而后勇"并不是一句口号，而是合理科学的管理。自我批判在发现问题的同时，也要有解决问题的闭环管理，华为内部的《管理优化报》在这方面做得特别好。

（2）自我批判落地要有机制和组织的保障。很多公司的自我批判看起来更像是一项临时的活动，缺乏稳定性和机制保障，更多的是停留在口头表达上。自我批判是要有牵引与约束机制保障落地的。笔者当时在华为所在的部门，每个季度都有案例输出的强制要求，案例是对自己所做工作的复盘总结，其实就是自我批判的一种表现形式；另外，华为的民主生活会在公司有着广泛的应用，从召开的频次、场地选择、组织保障、会议议程、会后跟踪，都有着完整的组织要求和费用预算保障。民主生活会由HR、业务规划来策划，并对会上提出的问题做跟踪闭环，其会议核心就是强制下属当面批评领导并给出建议。

华为有自我批判委员会及道德遵从委员会，其核心职责就是自我批判的制度建设、自我批判的活动实施及监督指导。华为的董事会常务委员会下面还设有战略与规划委员会，这个部门有一项特殊职能，即实施蓝军机制，就是针对公司重大决策进行反方论证，目的是规避不可预知的风险。

华为的自我批判在组织保障方面还充分利用了内部舆论平台的优势。《华为人》《管理优化报》和心声社区，很多高层的自我批判会直接在这些内刊或内部社区上进行公示，发起更多的讨论，理越辩越明。

（3）领导以身作则是自我批判长期有效的重要保障。笔者在一家"独角兽"公司任职时，公司成长最快的阶段就是老板带着我们做深刻自我批评的时期。每月公司都有高管例会，为保证在会议过程中对重要议题的决策保持共识，公司建立了核心决策层在正式会议之前先开小会的机制。

这个小会的场合是非正式的，一般在开大会前的晚上，在某个小酒馆，参会的核心决策层会针对目前公司经营和管理的问题，喝着小酒，轮流当面给老板提批评意见，老板会虚心地接受大家的意见。这个小会的共识就会反映在第二天的管理例会上，公司高层在统一认识和消除隔阂的情况下，会快速决策出适合公司发展的策略。

自我批判应该是自上而下的，如果领导应付了事，还怎么指望下面的人会认真反思并付诸实际。自我批判的建设是一个系统工程，它不仅仅是心性的修炼，更多的是要依靠机制与制度进行牵引和约束，核心目的都是及时纠偏，从而保证业务与公司经营的稳步发展。

华为企业文化是一个多元素组成的集合，不能单纯关注"坚持以客户为中心、以奋斗者为本，长期艰苦奋斗，坚持自我批判"，更多的要理解其中包含的业务逻辑和商业智慧，这才是华为文化的根基，而这部分才是值得深入探讨的本源。

5.2 核心价值观是可以考核的

企业文化是每家公司独特的一种内在要求，那些抽象的核心价值观如何进行评价和考核呢？这个部分不同于绩效考核，需要在企业的考核体系中把核心价值观的评价融入其中。

企业需要的首先是那些既有能力又认同企业核心价值观的人员，其次是认同企业核心价值观的可以培养的人员。既不认同企业核心价值观，又没有能力的人员，是需要果断淘汰的。企业文化不仅是培养人的工具，反过来也是检验人员的一面镜子。

5.2.1 从招聘看价值观的考核

招聘是一个非常重要的前端环节，在这个阶段，我们不仅要关注应聘者的专业与经验，观察和判断应聘者的价值观也非常重要。

华为在面试的时候有个就职意向选择，"AA"代表接受长期派驻海外艰苦区域，如果应聘者不勾选，很可能根本没有办法进入第二轮面试，这就是价值观导向在人才选择方面的具体体现。不管能力有多强，不符合这个标准的人员一律不予录用。

对于华为内部的老员工，没有海外外派经历的，也很难再向上发展，这就是价值观在用人方面的要求。标准很简单，但是简单的往往是最有效的，这种和公司经营关键动作直接挂钩的价值观评价方式是非常精准和高效的。

有些人能力很强，但是只适合待在成熟的大平台性质的公司，有些人能力虽然好像偏弱一点，但是因为心态好，如果有好的引导，他们的爆发力会很强，稳定性也会很高，这就是把对核心价值观的考评前移到招聘环节的巨大作用。

在招聘环节做价值观考评是有前置条件的。平时要强化中、高层干部的文化引导与研讨，把企业核心价值观的要求关联到员工的日常行为动作，总结企业核心价值观在日常工作场景的具体体现，从而提炼出简单的问题话术，通过问题问答就可以让应聘者展现其性格特征，并直接得到应聘者对企业核心价值观认同与否的答案。比如"如果你和你的同事出现了重大的业务分歧，你该怎么办""你是如何看待阿里巴巴公司'996'的这种加班氛围的""最近一年最有挫败感的一件事是什么，为什么""如果你的主管因为不了解情况，错误地当众批评了你，你会怎么处理"等。根据企业文化核心价值观的导向来设置感性的问题，跳出专业与经验，在相对轻松的问答氛围中，了解应聘者对关键事件的看法和感受，大部分人会不经意透漏自己原始的想法和动机，从而能大致判断其对企业核心价值观的认同程度。

5.2.2 价值观考核要关注员工日常行为与组织氛围建设

把价值观的考核融入员工的日常管理，并通过督察体系让员工形成惯性。企业文化应该是员工日常行为的一种指引，但是如果没有监督体系配合进行督导约束，很容易就会变成"墙上文化"。

当然，能做稽核的前提是需要有一个明确的标准。

某集团公司下属汽车售后服务子公司，神秘客户及外部客户在一段时间内大量投诉了该子公司洗车的服务质量下降。经集团核实客户投诉的证据，对比既往标准后，集团要求该子公司高管暂停全部工作，集中到总部进行文化复训，其中有一项内容就是高管在实训基地操作洗车全部流程，通过复盘流程找到改进点，这就是标准的力量。

企业文化考核涵盖的范围当然不仅是对员工行为标准的要求，还应该包含对公司的组织氛围的检验。

　　一家内部提倡"家"文化的公司，在这方面有严格的文化标准动作及稽核机制。该公司要求每家分公司的管理干部每天在公司门口迎接员工进入公司，每月要有爱心传递活动并组织部门内部的团建活动，与之同步的，是对这些要求的检查和稽核，每月对员工进行满意度和公司组织氛围的调查。调查方式也很多种，比如调查人员随便进入一家分公司后观察有多少员工会主动打招呼和迎接。有一次董事长微服私访，到一家分公司楼上、楼下转了两圈也没有人打招呼、接待，这家分公司的组织氛围因此被认定出了很大的问题，这家分公司的总经理被责令进行文化整改。手段虽然有些极端，但是非常有效。

　　对企业而言，组织氛围和商业模式是一样重要的，所有商业模式的实现都是靠人来执行的，而把不同的人组织在一起、凝聚在一起是需要有良好的组织氛围的。

　　把员工对分公司满意度的分数作为对分公司组织氛围评价的一个重要标准，这也是组织氛围管理中常用的方法。员工满意度和敬业度调查有很多非常成熟的工具，如盖洛普的 Q12 等，对此笔者就不做过多展开了，只是需要特别提示一点：在满意度调查中，要尽量避免调查与薪酬相关的部分，而更加聚焦在内部培养、协作、员工关怀等事项上。

　　从笔者经历过的不同公司的组织氛围的调查结果来看，笔者觉得很重要的一个改进部分，集中在公司的各级沟通氛围与机制建设上，特别是上级对下级的管理沟通辅导上，包含了目标绩效沟通、工作辅导与培养、文化的言传身教等诸多方面的因素，这也是员工对公司满意度中占比影响较大的部分。其他一些如工作环境、同事相处、制度执行等方面对员工的影响相对就没有那么显著。

5.2.3 两种价值观评议的典型方法

员工心性方面的要求很难用传统的绩效考核的办法去衡量和评估，在这里，笔者用两个具体的实操案例来做形象化的说明，这些方法不一定非常科学合理，但是可以作为员工个人核心价值观考核方式的一个参考。

1.群体评议制

群体评议制是团队对个人的价值观的外在表现进行综合评价的一种方式。一种是下级对上级的评价，另一种是同级之间的互相评价。这里重点讲同级之间的价值观评议的操作方法。

每月或者每季度进行一次员工价值观研讨，目的是通过彼此之间对公司价值观的实际案例的分享和分析（可以讲自己的故事，也可以讲同事的故事），加强自身对公司价值观的理解及完成对每一个人价值观的考核。

每次固定考评 1～2 个价值观主题，以固定小组的形式进行个人分享和对别人进行打分，以同一业务线或者有强工作关联的人员为一组，小组人数不宜过多或者过少，人数控制在 6～8 人为宜。组长组织对本期考核价值观内容的具体宣导，后由每一位小组成员分享对此价值观的认识和感受，以发生在自己或者同事身上的具体事情作为分享内容，每个人完成分享之后，小组的其他人员对分享人在这项价值观上进行匿名评价，高分与低分都需要填写详细的案例支撑，组与组之间不做横向对比，严禁有引导性的打分言论。每组会评出一名考核分数最低的员工，如果连续三次分数最低，会被列入重点需要辅导的对象，并与绩效淘汰指标进行联动。

完成小组打分后，每个小组选派一人作为代表发言，分享本次研讨的感受。每个小组代表分享完毕后，会由组织方统一进行评价，选出最好的一组，给予分享人一定的现金激励。

这种群体评议的方式有利也有弊，最大的弊病就是很可能"欺生"，刚加入团队的或者未和大家熟悉的人员很可能会被默认最低分，另外因为是匿名的互相评价，更多的是依靠主观的判断，在评议标准上可能有失公允。

在一个企业文化成熟的组织中，这样的集体评议也不失是一种办法，管理不可能做到尽善尽美，只能逐步优化。

2. 关键事件法

这种评价方式一般作为绩效考核的加减分项来使用，比如在业绩指标不相上下，评优人员名额又有限的情况下，通过关键事件来最后进行价值观方面的比拼。这种方式是量化绩效考核的另外一种补充，还可以同公司的一些诸如奖金、股票、升职、加薪方面的长期激励做关联。比如某国战乱期间，华为给坚持留守在当地的所有员工薪金等级都连升三级，这就是在符合公司价值观导向下对员工认可的一种具体表现。

在公司内部做人才盘点，制订继任计划的时候，这些关键事件都是非常重要的佐证资料。这要求公司内部要形成这些关键事件记录与分析，特别是在员工的个人档案中要有清晰的反映，不仅记录好的方面，员工重大违纪和违规事件也要同步记录其中，作为以后员工职务调动，或者人事处理的重要参考依据。

关键事件评议的一个重要基础就是对员工需要"听其言，察其行"。一些关键岗位可以采用述职的方式进行综合评议，记录其在核心价值观上突出的事件和具体表现。

5.3　企业文化建设的从 0 到 1

企业文化建设是一个只有起点而没有终点的长期工程，不要指望一夜之间就可以尽善尽美。企业文化建设需要在不断复盘优化过程中进行，并且要跟得上企业经营发展的不同阶段的要求。

5.3.1　企业文化建设的原则和要点

推进企业文化建设，首先要弄清楚公司目前所处的发展阶段和需求点，不要指望一步到位，也不要把文化建设范围设计得过广。先解决"有无"的问题，再谈"优化"。建议采用"重点突出，逐点优化"的原则。

企业文化建设是一把手工程。高层领导应该多做思考和讨论，以达成共识。企业文化建设一把手要挂帅，一把手不仅是最后成果的终审人，也是过程的重要参与人。

如果没有和外部管理咨询公司合作的经验，那么在选择咨询服务机构时，要注意多家对比，特别要关注对方在自己公司所处行业是否有成功的案例，以及是否有输出咨询成果的验收标准。

标准建设是企业文化建设的核心。企业文化的外在表现形式需要固化，企业文化要求的各项内容要简洁与标准化，要结合公司所在行业进行合理的设置，不要盲目照搬。

在企业文化建设推进过程中，可以按照编写企业文化手册、建立企业文化管理制度与运行机制、建立企业文化的评估机制的步骤逐步落实完善。

5.3.2　编写企业文化手册

公司的愿景、使命和核心价值观是整个企业文化建设的基础，相信绝大部分公司是有这部分内容的，在这个基础上再加上公司发展历程与大事记、员工行为规范（提倡什么、反对什么）、公司品牌相关的企业故事等内容，基本就可以构成公司企业文化的原始框架，可以把这些内容汇编成公司的企业文化手册。

还有一些企业会在愿景和使命的基础上，衍生出更多的亚文化内容，这个根据企业的内部管理需要来设计。比如准确描述企业的经营理念、企业精神与宗旨、人才理念、产品理念、服务理念等，这样才能对员工有指导作用。

企业文化手册编写大纲建议如下。

（1）创始人寄语。

（2）公司简介（公司发展历程与大事记）。

（3）公司治理与管理层信息。

（4）公司愿景与使命、核心价值观（企业精神）。

（5）公司核心理念（管理、经营、人才、质量、产品、服务等）。

（6）员工行为规范（含管理层的行为标准）。

（7）公司的外部形象展示及要求（形象、用语、字体等）。

（8）公司红线及案例。

（9）公司价值观案例与故事。

5.3.3　建立企业文化管理制度与运作机制

企业文化建设作为公司的长期管理行为，应有配套的流程与相关制度，并形成稳定的运作机制和计划，这也是企业文化落地的一个重要保障。

1.建立企业文化的组织管理体系

一般公司负责企业文化建设的部门不是在人力资源部就是在品牌部，独立设置部门的比较少见，国企一般是由党群建设责任体系来承担文化建设责任。不论哪种形式，公司应该有管理企业文化执行标准、相关流程与制度的部门，该部门主要负责建设与优化企业文化核心理念、建立企业文化的基本管理制度体系与运作机制、组织企业文化活动策划与执行、主导实施企业内外推广宣传与培训，以及设置企业文化评价与奖惩体系等。比较重视企业文化建设的公司，还可以采用由老板直接管理或设置专职高管来负责的方式。

2.要让企业文化可见

企业文化的视觉识别（VI）体系建设是非常重要的一个环节，可以让内部员工和外部客户都能够鲜明地直接感受到公司理念和形象。具体包括以下几个方面。

（1）平面形象展示：各种墙面宣传；工卡、折页；办公用品（笔记本、便笺纸、信纸、纸杯、台历、包装等）；旗帜、文化衫。

（2）视频与网络展示：以视频的方式，描述公司的愿景、使命、核心价值观，准确诠释公司精神内涵；以视频的方式宣传典型人物、榜样案例；通过公司的 OA 系统或邮件进行持续的价值观诠释及案例展示；利用公司官网、微信、官方微博等多媒体平台展示；等等。

（3）内网、内刊展示（专题宣传及管理反思）。

（4）文化标杆与典型人物、故事展示：持续搜集、宣传标杆人物案例并进行表彰；邀请高层领导阐述对公司核心价值观的理解并提供具体案例。

3. 建立企业文化的培训宣贯模式

企业文化需要不断地进行内部培训与宣贯，这是一个持续不断的过程，需要纳入公司长期的培训计划中。

（1）重点抓两个环节：新员工入职和管理层持续的企业文化内部研讨。

（2）持续开展以企业文化内容为主题的各种员工活动：内部企业文化演讲、征文、辩论赛、知识竞赛等。

（3）例行宣贯：从上到下，从企业文化主题讲座到各级部门会议，逐级进行企业文化的宣贯、学习和探讨。

4. 建立企业文化落地的仪式感

企业文化落地可以和公司日常工作进行紧密关联，形成反复执行的固定仪式活动。以下是部分典型的带有仪式感的企业文化活动内容。

（1）入职或者新人培训宣读活动。

（2）重大会议或者公司集体行动前的集体宣读。

（3）公司重大激励与核心价值观联动，特别是在荣誉激励奖项的设置和发放上，要重视带有仪式感的设计，如荣誉奖章带有强烈的公司归属特性和珍藏性。

（4）举办公司成立纪念、公司取得重大成就总结表彰、员工转正或入职周年纪念等富有仪式感的纪念庆祝活动。

5.3.4 建立企业文化的评估机制

企业文化评估应当重点关注高级管理人员在企业文化建设中的责任履行情况、全体员工对企业核心价值观的认同感、公司经营管理行为与企业文化的一致性、公司品牌的社会影响力、参与公司并购重组各方文化的融合度，以及员工对公司未来发展的信心。

通过对企业文化建设的效果评估来不断优化内部企业文化建设的方法，改善内部组织氛围。

企业文化的内部评估可以从以下几个方面实施。

（1）根据企业文化建设管理要求，建立文化督导标准，对员工的仪容仪表和行为表现、办公环境、VI 系统标准、文化标准动作等进行督察或者抽查。

（2）不定期做各级员工企业文化落实情况调查，对反映出来的问题及时做内部管理改进。关注两个大的方面：是否知道、是否相信。

（3）检查企业文化的核心价值观是否有对应的运行机制，即公司提倡什么和反对什么，有没有细化落实措施，员工做到的标准及奖惩原则是否对等。

（4）检查企业文化的宣传与培训是否到位，随机抽查人员对企业文化的理解及对核心理念的表述是否准确。

企业文化建设是一个长周期、不断优化的过程，这期间既有对原来成功模式的提炼与沉淀，也有对新生文化的吸收和融合，这是一个庞大的系统工程，会关联战略、经营、人力等多个领域的框架内容，其核心宗旨还是为战略落地与业务增长服务。

　　管理四力是企业最基础的管理框架，战略力保证方向正确，销售力让企业得以生存和发展，组织力和文化力是企业保持活力与凝聚力的保障，在这四力作用下，企业要找到管理的节奏。

　　（1）企业需要在使用标准、成熟的规范与摸着石头过河两者之间进行平衡。过早使用标准化管理或者一直采用游击队模式都是有问题的，企业需要根据自身发展情况来灵活把握。

　　（2）企业要在胆子大和步子稳两者之间进行平衡，风险和机遇是并存的。

　　（3）企业要在整体推进和局部领先两者之间进行平衡。企业不可能一开始就取得整体全面领先，需要逐步梯次性地推进，把握节奏很关键。